改訂版

中学社会科用語

Gakken

はじめに

この本では，入試の決め手となる社会の重要なポイントが，出題の多い項目から順にランキング形式でまとめられています。無料アプリをダウンロードすれば，この本で覚えた内容をクイズ形式でいつでもどこでも確認することができます。

本書とアプリの活用で，志望校合格の栄光を勝ちとられることを心より願っています。

無料アプリについて

本書に掲載されている内容を，クイズ方式で確認できるアプリを
無料でご利用いただけます。

アプリのご利用方法

スマートフォンでLINEアプリを開き，「学研ランク順」を友だち追加いただくことで，
クイズ形式で単語が復習できるWEBアプリをご利用いただけます。

WEBアプリ
LINE友だち追加は
こちらから

※クイズのご利用は無料ですが，
通信料はお客様のご負担になります。
※ご提供は予告なく終了することがあります。

学研ランク順　検索

この本の特長と基本構成

社会科の入試問題では，用語を記述したり，選択したりする問題がよく出題されます。そのため，用語の意味を正確に理解して知識を定着させることが合否の決め手になります。しかし，覚えるべき用語の数が多くて途方(とほう)に暮れる受験生もたくさんいることでしょう。

本書は直近の全国入試問題に出た社会科用語を徹底的に分析し，出題頻度の高い約750語を精選した学習参考書です。地理・歴史・公民，各分野の単元ごとに出題の多い用語から順に掲載しているので，効率よく学習することができます。

ランク順表示

各分野の単元ごと，よく出た順に用語を配列しています。A，B，Cのランク分けでより効率よく勉強できます。

暗記法

入試で問われる用語や年号などを忘れられなくなるゴロ合わせを紹介しています。

出題ポイントをしっかりチェック！

覚えたポイントは赤フィルターを使ってしっかりチェック。無料アプリも活用してください。

2 中世の日本

第9位 応仁の乱（おうにんのらん）

- 室町幕府第8代将軍 足利義政 のあとつぎ問題をめぐり，有力な 守護 大名が対立して，1467年に起こった戦乱。
- 戦乱は 京都 を中心に，11年間続き，全国に広がった。
- 戦乱後，家来が主人に打ち勝って，その地位を奪う 下剋上 が広がった。
- 以後の約100年間は，各地で戦国大名が活躍する 戦国 時代となった。

▲応仁の乱開戦時での対立の様子

人の世むなしい 応仁の乱
1 467

第10位 建武の新政（けんむのしんせい）

- 1333年に 鎌倉 幕府を倒した 後醍醐 天皇が，1334年に元号を建武と改めて始めた政治。
- 公家重視の政治のため，武士の不満が高まった。
- 足利尊氏 が，武士政治の復活を目指して兵を挙げると，新政は2年ほどで失敗した。

このごろ都ではやっているものは，夜襲，強盗，天皇のにせの命令。囚人，急使を乗せた早馬，たいしたこともないのに起こる騒動。

▲二条河原落書（一部）

建武の新政や世相を批判しているよ。

→p.127 後醍醐天皇

地理　歴史　公民

119

CONTENTS

マチゲータ

メモットリ

カンソウオ

中学社会科用語750

●この本に出てくる見出し語を分野別・五十音順に配列しています。
●アルファベットはランクを表します。

地理

あ

か

な

は

歴史

公民

さ

地理

1 世界の姿

必ずおさえる! 出るランク 

第1位 三大洋(さんたいよう)

- 太平洋, **大西洋**, **インド洋**の3つの海洋をまとめた呼び名。面積の広い順に, 太平洋, 大西洋, インド洋。
- 地球の表面は**海洋**が約 7 割, **陸地**が約 3 割。

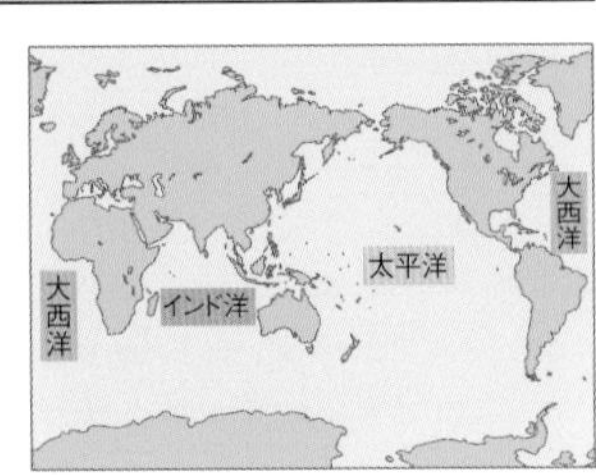

注意 「太」平洋はおだやかな(太平な)海。「大」西洋は西の大きな海。漢字のミスに注意しよう。

第2位 六大陸(ろくたいりく)

- **ユーラシア大陸**, **アフリカ大陸**, **北アメリカ大陸**, 南アメリカ大陸, **オーストラリア大陸**, **南極大陸**をまとめた呼び名。
- 面積最大は ユーラシア大陸 , 最小は オーストラリア大陸 。
- 日本はユーラシア大陸の東の沖に位置する。

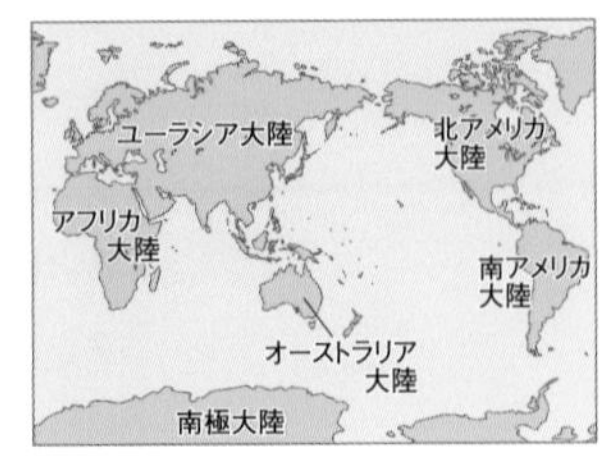

第3位 緯度・緯線(いど・いせん)

- 緯度は 赤道(せきどう) を0度として，南北をそれぞれ 90度 ずつに分けたもの。
- 赤道より北は「**北緯**(ほくい)○○度」，南は「**南緯**(なんい)○○度」と表す。
- 緯線は，同じ緯度の地点を結んだ横の線。**赤道と平行**に引かれている。

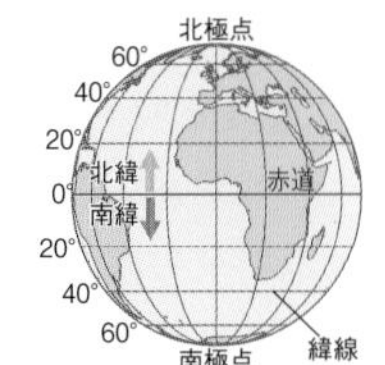

第4位 経度・経線(けいど・けいせん)

- 経度は 本初子午線(しごせん) を0度として，東西をそれぞれ 180度 ずつに分けたもの。
- 本初子午線より東は「**東経**(とうけい)○○度」，西は「**西経**(せいけい)○○度」と表す。
- 経線は同じ経度の地点を結んだ縦の線。**北極点**と**南極点**を結んでいる。

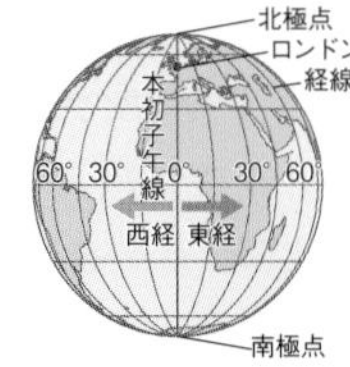

第5位 正距方位図法(せいきょほういずほう)

- 中心の地点から任意の地点への 距離 と 方位 が正しい図法。東京から見て，サンフランシスコは 北東 にある。
- 中心から離(はな)れるにつれて陸地の形がゆがむ。

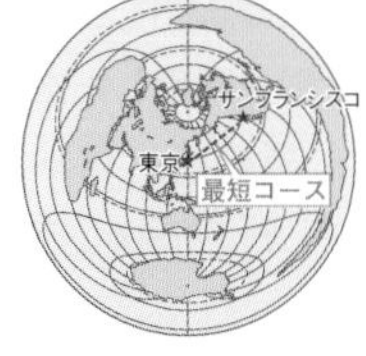

第6位 本初子午線（ほんしょしごせん）

関連 → p19 経度・経線

- イギリスの **ロンドン** を通る **経度0度** の経線。経度を測る基準となる。
- 本初子午線より東を東半球，西を西半球という。

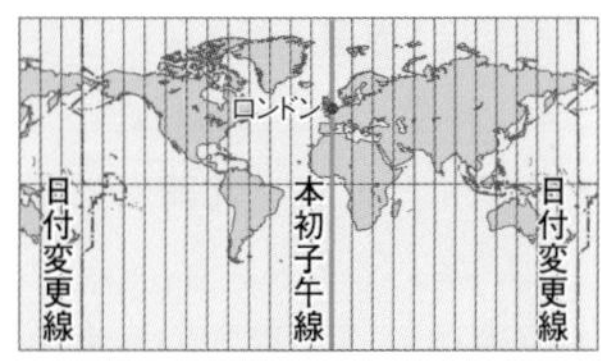

第7位 赤道（せきどう）

関連 → p19 緯度・緯線

- **緯度0度** の緯線。緯度を表す基準となる。
- **アフリカ** **大陸の中央部**，インドネシア，**南アメリカ** **大陸北部**などを通る。
- 赤道周辺は主に熱帯に属し，1年を通じて気温が高い。

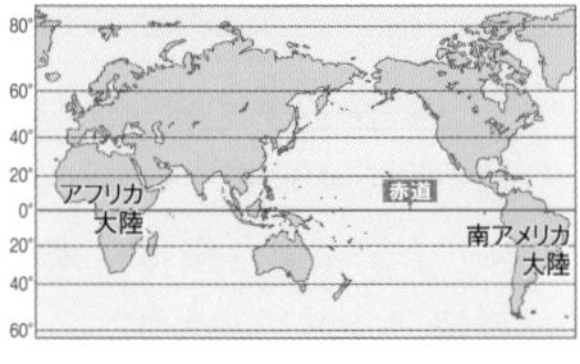

第8位 国境（こっきょう）

- 国と国との境界。
- 山脈や川，海などの**地形を利用した国境線**や，**経線** や **緯線** を利用した国境線などがある。

地形を利用した国境線

経線や緯線を利用した国境線

よく出る! 出るランク B

第9位 オセアニア州（オセアニアしゅう）

▶ オーストラリア 大陸，ニュージーランドと太平洋の島々からなる州。

▶ ニュージーランドと太平洋の島々は，**ミクロネシア**，**メラネシア**，**ポリネシア**の3地域に分けられる。

▶ イギリス のユニオンジャックが入った国旗が多く見られる。

第10位 人口爆発（じんこうばくはつ）

▶ 国や地域の人口が爆発的に増加する現象。

▶ 第二次世界大戦後には，アジア 州と アフリカ 州の発展途上国で起こった。

▶ **食料問題**や貧困の拡大などの問題が生じる。

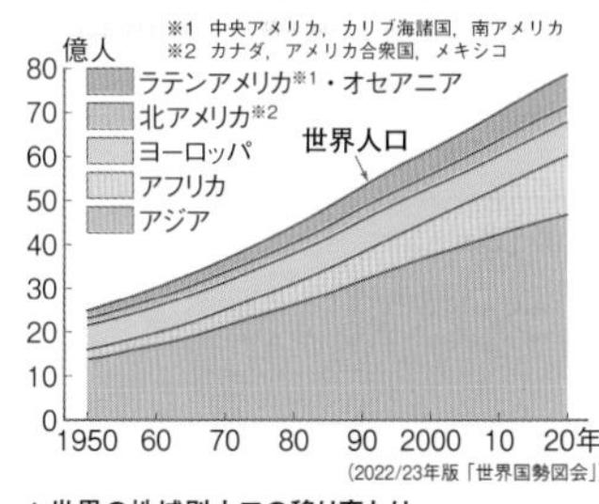

▲世界の地域別人口の移り変わり

第11位 地球儀（ちきゅうぎ）

▶ 地球 をそのままの形で縮小した模型。

▶ 面積，形，距離，方位などを同時に正しく表すことができる。

差がつく！ 出るランク

□□ 第12位

アフリカ州

関連 → p39 モノカルチャー経済

▶アフリカ大陸と周辺の島々からなる地域。

▶16世紀以降，多くの黒人が**奴隷**として南北アメリカ大陸へ連行された。

▶スラムの形成，砂漠化の進行，**モノカルチャー経済**などの問題をかかえている。

□□ 第13位

東南アジア

関連 → p41 ASEAN，p237 東南アジア諸国連合（ASEAN）

▶アジア州南東部にあるインドシナ半島，マレー半島，カリマンタン（ボルネオ）島などからなる地域。10か国が**東南アジア諸国連合（ASEAN）**を結成。

□□ 第14位

アジア州

関連 → p36 季節風（モンスーン）

▶ユーラシア大陸のウラル山脈などより東の地域。

▶人口は世界全体の約6割を占める。

▶南部や東部は**季節風（モンスーン）**の影響で雨季と乾季がある。

□□ 第15位

南半球

▶ **赤道** から南極点までの緯度0度から南緯90度までの地域。

▶ 赤道から北極点までの緯度0度から北緯90度までの地域は **北半球** という。

□□ 第16位

ヨーロッパ州

関連 → p46 ヨーロッパ連合（EU）

▶ ユーラシア大陸のウラル山脈などより西の地域。

▶ 主に **ゲルマン系言語**，**ラテン系言語**，

スラブ系言語 の3つの言語が分布。

▶ 多くの国が**ヨーロッパ連合(EU)**に加盟。

□□ 第17位

北アメリカ州

▶ 北アメリカ大陸と西インド諸島からなる地域。

▶ メキシコ湾やカリブ海周辺は，夏から秋にかけて **ハリケーン** に襲われることがある。

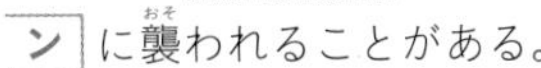

▶ **ロッキー** **山脈**は，**環太平洋造山帯**に属する。

2 日本の姿

必ずおさえる!　出るランク 

第1位 時差(じさ)

関連 → p.28 日付変更線, p.26 標準時子午線

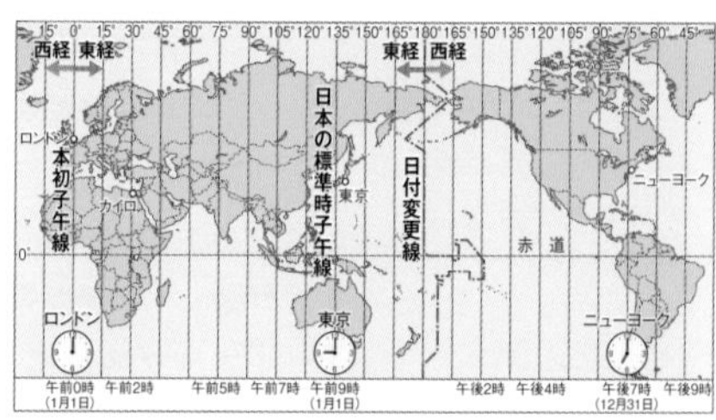

▶ 時刻の基準となる**標準時**の差。世界各国は **標準時子午線** を基準に標準時を設定している。

▶ 地球は1日に1回転する(360度回る)ので, 360÷24(時間)=15により **経度15度** で**1時間の時差**が生じる。

くわしく　東経135度を標準時子午線とする東京と, 経度0度のロンドンとの時差は, 経度差が135度−0度=135度, 135度÷15度=9で, 9時間となる。

第2位 排他的経済水域(はいたてきけいざいすいいき)

▶ 領海の外側に広がる, 海岸線から **200海里** (約370km)までの海域。

▶ 海域内は, 沿岸国に**水産資源**や海底の**鉱産資源**を利用する権利がある。船の航行はどの国も自由。

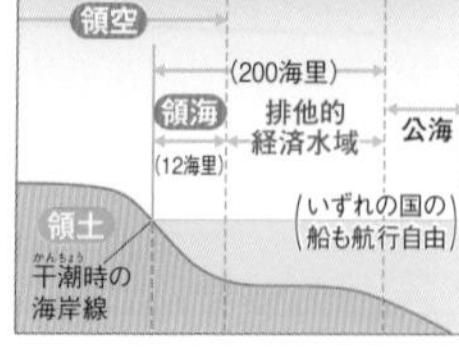

くわしく　日本は島国のため, 国土面積の10倍以上の排他的経済水域をもつ。

第3位 都道府県庁所在地（とどうふけんちょうしょざいち）

- 都道府県の政治を行う **都道府県庁** が置かれる都市。
- 各都道府県において，人口が最大の都市が多く，工業や商業が発達している。
- **城下町**や港町，門前町から発展した都市が多い。

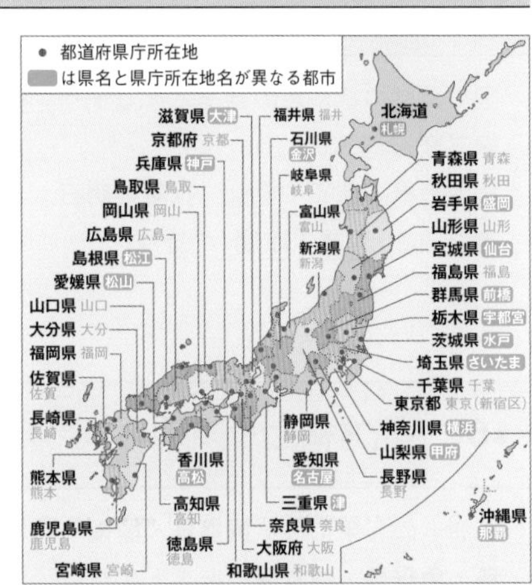

第4位 対蹠点（たいせきてん）

- 地球上のある地点から，地球の中心を通って正反対に位置する地点。
- 東京の対蹠点は，**南アメリカ大陸**のブラジルやウルグアイの沖合になる。

くわしく
東京は北緯36度，東経140度に位置する。東京の対蹠点の緯度・経度は，南緯36度，西経40度となる。

よく出る！ 出るランク 

第5位 標準時子午線（ひょうじゅんじしごせん）

関連 → p.24 時差, p.28 日付変更線

- 国や地域の標準時の基準となる子午線（経線）。
- 日本の標準時子午線は，**兵庫県明石市**を通る **東経135度** の経線。

第6位 北方領土（ほっぽうりょうど）

関連 → p.177 北方領土

- 北海道の北東にある**択捉島**・**国後島**・**色丹島**・**歯舞群島**をまとめた呼び名。日本固有の領土。
- 第二次世界大戦後，ソビエト連邦（ソ連）が占領。ソ連解体後は **ロシア** が引き続き不法に占拠している。日本政府は返還を求めている。

第7位 南鳥島（みなみとりしま）

- 日本の **東** 端の島。**東京都**に属する。

注意 「南」鳥島だが，南端ではない。南端は沖ノ鳥島。

差がつく！ 出るランク 

□□ 第8位
択捉島（えとろふとう）

▶ 日本の 北 端の島。 北方領土 で最大の島。**北海道**に属する。

□□ 第9位
沖ノ鳥島（おきのとりしま）

▶ 日本の**南端**の島。**東京都**に属する。
▶ 水没（すいぼつ）すると日本の 排他的経済水域（はいたてきけいざいすいいき） が大幅（おおはば）に減少するため，波で侵食（しんしょく）されないように護岸工事が行われた。

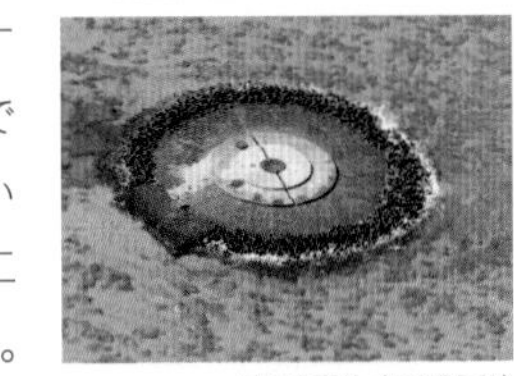
（朝日新聞社／PPS通信社）

□□ 第10位
竹島（たけしま）

▶ **島根県**に属する日本固有の領土。
▶ 韓国（かんこく） が不法に占拠している。

□□ 第11位
東シナ海（ひがしシナかい）

▶ 九州地方と中国との間に広がる海。
▶ 大陸棚（たいりくだな） が広がり，水産資源と鉱産資源が豊富。

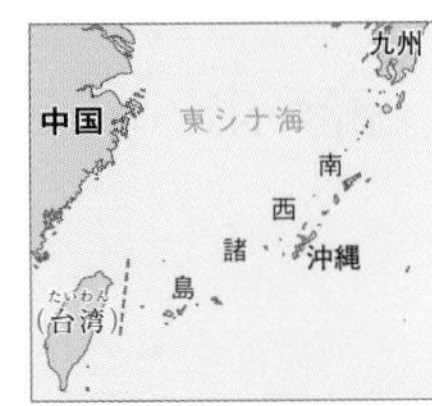

地理
歴史
公民

第12位

与那国島

▶ 日本の 西 端の島。
沖縄県に属する。

台湾と約 110km 離れた位置にあるよ。

第13位

日付変更線

関連 → p24 時差

▶ 太平洋上の 180度 の経線にほぼ沿って設けられた，日付を調整する線。

▶ 西から東へ越えるときは日付を **1日遅らせ**，東から西へ越えるときは **1日進める**。

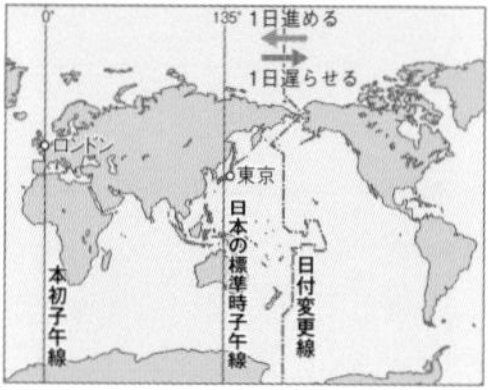

0° 135° 1日進める 1日遅らせる ロンドン 東京 本初子午線 日本の標準時子午線 日付変更線

第14位

山陰

▶ 中国・四国地方のうち，中国山地より北側の地域。

▶ **日本海側 の気候**に属し，冬に降水量が多い。

第15位

瀬戸内

▶ 中国・四国地方のうち，瀬戸内海に面する地域。

▶ **瀬戸内 の気候**に属し，一年を通じて雨が少ない。

山陰 中国山地 山陽 瀬戸内 瀬戸内海 四国山地 南四国

□□ 第16位

本州（ほんしゅう）

▶ 日本列島を構成する島の1つで，面積最大の島。

▶ 日本列島は，**北海道**・**本州**・**四国**・**九州** の4つの島と，その他の小さな島々からなる。

□□ 第17位

7地方区分（ちほうくぶん）

▶ 日本を**北海道地方**，**東北地方**，**関東**地方，**中部地方**，**近畿**地方，**中国・四国地方**，**九州地方**の7地方に分ける方法。

▶ 中部地方は，**北陸**・**中央高地**・**東海**に，中国・四国地方は**山陰**（さんいん）・**瀬戸内**（せとうち）・**南四国**にさらに分けられる。

□□ 第18位

日本海（にほんかい）

▶ 日本列島とユーラシア大陸に囲まれた海。**暖流**の **対馬**（つしま） 海流，**寒流**のリマン海流が流れる。

3 世界各地の生活と環境

必ずおさえる! 出るランク 

 第1位 イスラム教(イスラムきょう)

▶三大宗教(世界宗教)の1つ。**ムハンマド**が開いた。

▶アッラーを唯一(ゆいいつ)の神とし，教典「**コーラン**」の教えを守る。
└クルアーン

▶北アフリカ，西アジア，中央アジア，東南アジアのマレーシアとインドネシアに信者が多い。

- 1日5回，聖地メッカの方向に向かって祈りをささげる。
- 豚肉(ぶたにく)を食べない。酒を飲まない。
- ラマダン(断食月)には，日が出ている時間帯は飲食をしない。
- 金曜日はモスク(礼拝堂(れいはいどう))で礼拝する。

▲イスラム教の教えの一部

くわしく　イスラム教徒が安心して食事できるように，イスラム教の決まりを守った料理には「ハラル」というマークが付けられることがある。

 第2位 ヒンドゥー教(ヒンドゥーきょう)

▶**インド**で生まれた宗教。インドやネパールに信者が多い。

▶**牛**を神聖な存在として大切にし，聖なる川のガンジス川で**沐浴(もくよく)**する。

▶**カースト**と呼ばれる身分制度と結びつく。

(Cynet Photo)

▲沐浴の様子

第3位 キリスト教（キリストきょう）

- 三大宗教（世界宗教）の１つ。**イエス**が開いた。
- 「聖書」を教典とし，日曜日に教会で礼拝をする。
- **カトリック**，**プロテスタント**，**正教会**などに分かれる。
- ヨーロッパ，南北アメリカ，オセアニアに信者が多い。

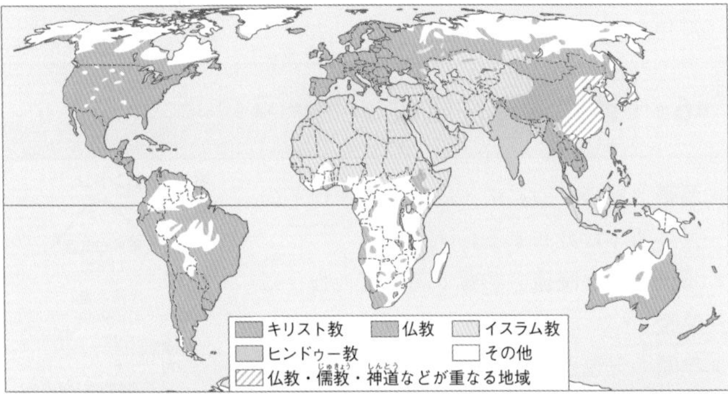

第4位 リャマ・アルパカ

関連 → p.36 ポンチョ

- 南アメリカ大陸の**アンデス山脈**の高地で飼われている家畜。
- リャマは主に運搬用。アルパカは主に毛をとるのに用いられる。
- アルパカの毛から**ポンチョ**や帽子などがつくられる。

（ピクスタ）
▲リャマ（左）とアルパカ（右）

第5位 高山気候(こうざんきこう)

▶ 標高の高い地域特有の気候。

▶ 日中は日差しが強い。赤道付近の高山気候では，気温の年較差(ねんかくさ)が小さい。

▶ アンデス山脈 や**チベット高原**などに分布。

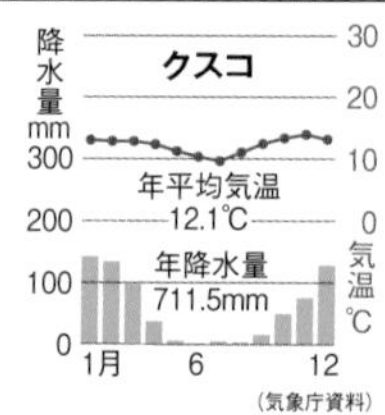

第6位 西岸海洋性気候(せいがんかいようせいきこう)

▶ **温帯**気候の１つ。中・高緯度(いど)にかけての大陸西岸に分布する。

▶ 偏西風(へんせいふう) と**暖流**の影響(えいきょう)で高緯度のわりに温暖。

▶ 年間の気温と降水量の差が小さい。

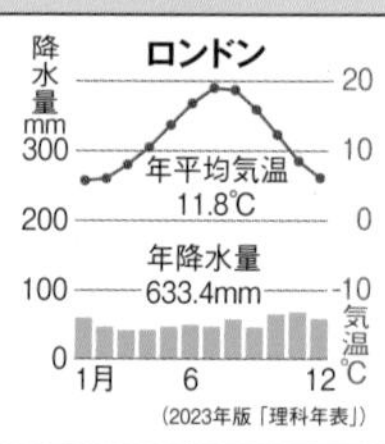

第7位 温帯(おんたい)

▶ 温暖で適度な降水量がある気候。中・高緯度にかけて分布。
└四季の変化が明確

▶ 大陸東岸に分布する 温暖湿潤(しつじゅん)気候 ，大陸西岸に分布する 西岸海洋性気候 ，地中海(ちちゅうかい)沿岸などに分布する 地中海性気候 に分かれる。

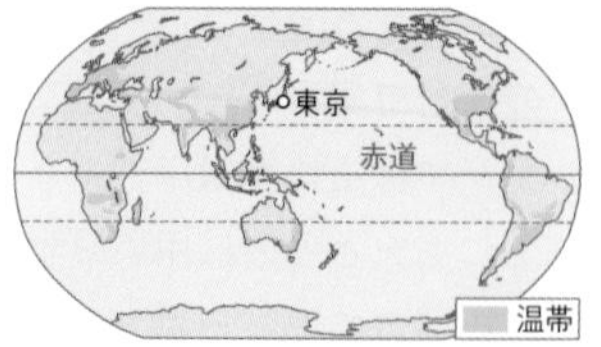

よく出る！ 出るランク B

第8位 乾燥帯（かんそうたい）

▶ 降水量が少ない気候。中緯度地域や内陸部に分布。

▶ 砂漠（さばく）気候と，ステップ気候に分かれる。

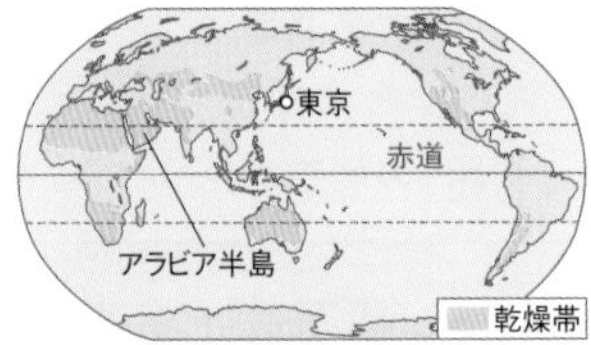

第9位 熱帯（ねったい）

▶ 1年を通じて気温が高く，降水量が多い気候。**赤道（せきどう）周辺**に分布。

▶ 熱帯雨林気候とサバナ気候に分かれる。

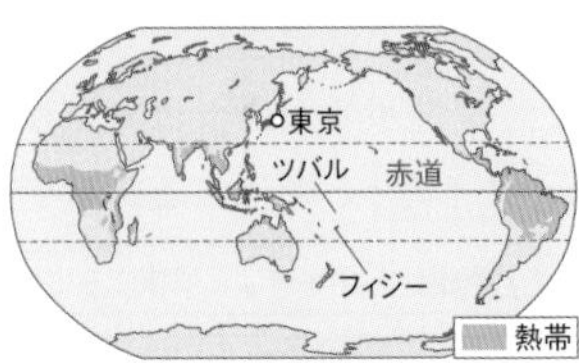

第10位 地中海性気候（ちちゅうかいせいきこう）

▶ **温帯気候**の1つ。夏は乾燥して**降水量が**少なく，冬は**降水量が**多くなる。

▶ 石づくりで**窓の小さい**伝統的な住居。

▶ **地中海沿岸**や中緯度の大陸西岸に分布。

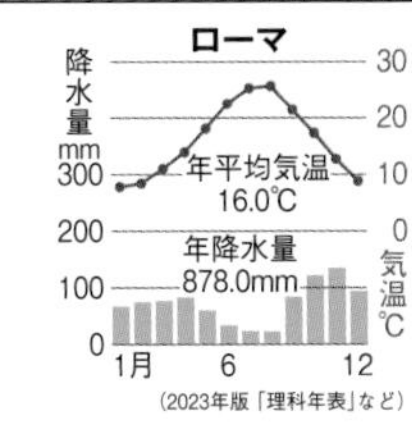

（2023年版「理科年表」など）

第11位 永久凍土（えいきゅうとうど）

▶ほぼ１年を通じてこおった状態にある土壌。**シベリア**，**アラスカ**，**カナダ北部**などに分布する。

▶建物からの熱で永久凍土がとけ，**建物が傾くのを防ぐため**，高床の建物が見られる。

第12位 亜寒帯（冷帯）（あかんたい，れいたい）

▶北半球の高緯度地域に分布する気候。**シベリア**や**カナダ**などに分布する。

▶夏と冬の気温差が大きく，夏は比較的気温が上がるが，冬は寒さが厳しい。

▶タイガと呼ばれる針葉樹林が広がる。

注意　亜寒帯は北半球のみに分布する。

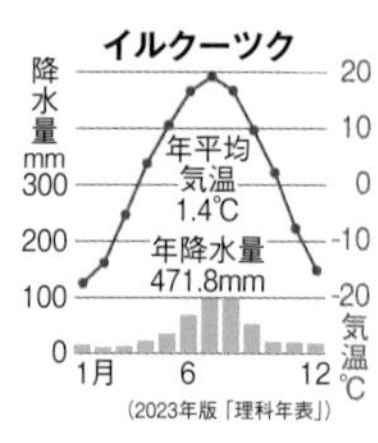

（2023年版「理科年表」）

第13位 仏教（ぶっきょう）

▶三大宗教（世界宗教）の１つ。**シャカ**が開いた。

▶信者が僧侶にお金や食べ物をほどこす**托鉢**の習慣がある。

▶日本を含む東アジアや，東南アジアのインドシナ半島に信者が多い。

(Cynet Photo)

▲托鉢の様子

差がつく！ 出るランク 

第14位
温暖湿潤気候

▶ 温帯気候 の１つ。中緯度の**大陸東岸**に分布する。
▶ 気温の年較差が大きく，他の温帯の気候に比べて降水量が多い。
▶ 日本は北海道や南西諸島などを除き，ほとんどの地域が温暖湿潤気候に属する。

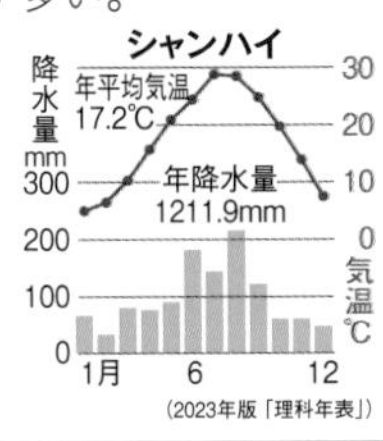

（2023年版「理科年表」）

第15位
北大西洋海流

関連 → p36 偏西風

▶ 大西洋北部を南西から北東に向かって流れる 暖流 。
▶ 北大西洋海流の上を吹く 偏西風 がヨーロッパに温かい空気を運んでくるため，ヨーロッパ西部は緯度が高いわりに温暖な気候。

第16位
タイガ

▶ 亜寒帯（冷帯） にみられる針葉樹林。寒さに強く，細長い葉をもつ。
▶ 主にユーラシア大陸北部と北アメリカ大陸北部でみられる。

（ピクスタ）

第17位

偏西風

▶中・高緯度地域で一年を通じて西から吹く風。

▶ヨーロッパ西部は，偏西風と**暖流**の**北大西洋海流**の影響で，高緯度のわりに温暖な気候である。

第18位

ポンチョ

関連 → p31 リャマ・アルパカ

(Cynet Photo)

▶南アメリカ大陸の**アンデス山脈**の高地に住む先住民の衣服。

▶高地の**寒さ**と強い紫外線を防ぐ工夫が見られる。

▶主に**アルパカ**の毛からつくられる。

第19位

季節風（モンスーン）

関連 → p22 アジア州

▶季節ごとに風向きが大きく変わる風。

▶東アジア・東南アジア・南アジアの気候に影響し，夏は海洋から大陸へ，冬は大陸から海洋に向かって吹く。

▶日本では，夏は太平洋からの**南東**，冬は大陸からの**北西**の風となる。

□□ 第20位

イヌイット

▶ カナダ の北極海(ほっきょくかい)沿岸に住む先住民。
▶ かつては移動しながら狩りや採集を行っていたが，現在は定住化が進む。
▶ あざらしやカリブーの毛皮を衣服に利用。

□□ 第21位

砂漠気候(さばくきこう)

▶ 乾燥(かんそう)帯気候 の1つ。
▶ 1年を通じて降水量が極めて少なく，砂漠 が広がる。水を得やすい場所は オアシス とよばれる。

カイロ
降水量 mm 300 200 100 0
気温 ℃ 30 20 10 0
年平均気温 22.3℃
年降水量 29.7mm
1月 6 12
(2023年版「理科年表」)

□□ 第22位

ゲル

▶ モンゴル高原 の遊牧民の住居。
▶ 移動しやすい組み立て式になっている。

(ピクスタ)

□□ 第23位

寒帯(かんたい)

▶ 北極と南極の周辺に分布する，一年中気温が低い気候。
▶ ツンドラ気候 と 氷雪気候 に分かれる。

バロー (ツンドラ気候)
降水量 mm 300 200 100 0
気温 ℃ 10 0 -10 -20 -30
年平均気温 -10.1℃
年降水量 144.6mm
1月 6 12
(2023年版「理科年表」)

4 世界の諸地域

必ずおさえる!　出るランク

中国（ちゅうごく）

- 人口は14億人を超える。かつて，人口増加を抑制するために**一人っ子政策**を実施。
- 人口の約9割を占める**漢民族**（漢族）と，55の少数民族からなる多民族国家。
- 外国の資本と技術を導入するために，南部の沿岸部に**経済特区**を設置し，1990年代から急激な経済成長をとげる。現在はアメリカにつぐ経済大国に。

▲鉱産資源の分布と工業都市

- 安価で豊富な労働力をいかして工業が発達→工業製品を世界中に輸出し，**「世界の工場」**と呼ばれる。
- 工業化の進んだ沿岸の都市部と内陸の農村部の**経済格差**が拡大し，農村部から都市部への出稼ぎ労働者が増加。
- 急速な工業化によって化石燃料の消費が増加し，PM2.5などによる**大気汚染**が深刻化。

造船竣工量（2021年）

中国	韓国	日本	その他
43.6%	32.2	18.0	

自動車（2021年）

中国	アメリカ	日本	インド	その他
32.5%	11.4	9.8	5.5	

産業用ロボット（2020年）

中国	日本	韓国	その他
31.3%	12.4	11.4	

（2022/23年版「世界国勢図会」）

▲工業製品などの生産量

第2位 モノカルチャー経済（モノカルチャーけいざい）

- 特定の農作物や鉱産資源の輸出に頼った経済の特色。
- アフリカ州 の発展途上国に多くみられる。
- 農作物の不作や国際価格の下落による影響が大きく，経済的に不安定。

国	輸出品の割合
ガーナ 168億ドル（2019年）	金（非貨幣用）37.0%　原油 31.3　カカオ豆 11.0　その他
ザンビア 78億ドル（2020年）	銅 73.5%　銅鉱 2.3　その他

（2022/23年版「世界国勢図会」）

▲アフリカ州の国々の輸出品の割合

第3位 アメリカ合衆国（アメリカがっしゅうこく）

- 18世紀後半にイギリスから独立。近年は ヒスパニック が増加。
- **適地適作**と**企業的な農業**が特色。アグリビジネスが発達し， 穀物メジャー が活動。
- 工業は，かつては五大湖周辺が中心。20世紀初めに流れ作業による自動車の**大量生産方式**を確立。

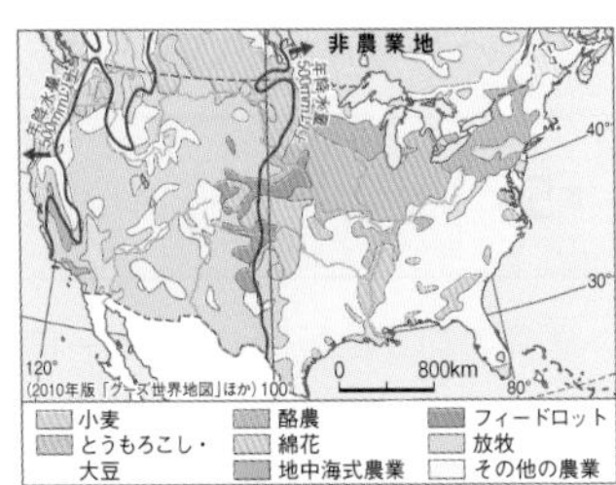

▲アメリカ・カナダの農業地域

- 現在は北緯37度以南の サンベルト が中心地。 シリコンバレー で先端技術産業や**情報通信技術（ICT）関連産業**が発達。
- 大量生産・大量消費の考えのもと，コンビニエンスストアやファストフードが生まれる。

第4位 オーストラリア

- 大部分が**乾燥帯**で，内陸部に砂漠が広がる。
- 先住民は**アボリジニ**。現在はアボリジニの文化を尊重する動きが進む。
- かつては**白豪主義**により，ヨーロッパ系以外の移民を制限→現在は**多文化社会**を目指す。
- **羊・肉牛**の放牧，**酪農**，小麦の栽培がさかん。
- **石炭**，**鉄鉱石**，金，ボーキサイト，ウランなど鉱産資源が豊富。日本への輸出も多い。

▲オーストラリアの農業地域

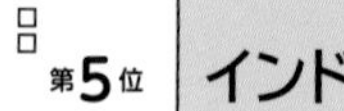

第5位 インド

- 国民の約8割が**ヒンドゥー教**を信仰。
- ガンジス川中・下流域で米やジュート，上流域で小麦，デカン高原で綿花，アッサム地方で茶の栽培。
- **ベンガルール**などで**情報通信技術(ICT)関連産業**が発達し，アメリカやヨーロッパの企業が進出。
- 近年，経済が成長し，**BRICS**の一国に数えられる。

▲南アジアの農業地域

□□ 第6位 鉄鉱石（てっこうせき）

▶ 鉄の原料。ブラジル北東部，オーストラリア北西部，中国の東北地方などで**露天掘り**（ろてんぼ）によって採掘（さいくつ）。

▶ 日本は**オーストラリア**や**ブラジル**からの輸入が多い。

オーストラリア	ブラジル	カナダ	南アフリカ共和国	その他
58.8%	26.6	6.3	3.3	

（2021年）（2023/24年版「日本国勢図会」）

▲日本の鉄鉱石輸入先

□□ 第7位 植民地（しょくみんち）

▶ 他国の支配を受け，**主権**を行使することができない国や地域。

▶ かつて，欧米（おうべい）諸国は世界の多くの地域を植民地支配した。

□□ 第8位 フィヨルド

▶ 氷河に侵食（しんしょく）された谷に海水が入り込（こ）んでできた細長い湾（わん）。

▶ **スカンディナビア半島**などにみられる。

□□ 第9位 ASEAN（アセアン）

関連 → p237 東南アジア諸国連合（ASEAN）

▶ **東南アジア諸国連合**の略称（りゃくしょう）。東南アジア諸国の経済発展と平和・安定を目指す組織。

▶ 1967 年にタイ，マレーシア，シンガポール，インドネシア，フィリピンの 5 か国で結成し，現在 10 か国が加盟。
└2022 年時点

よく出る! 出るランク 

第10位 ブラジル

関連 → p57 アマゾン川

- アマゾン川 流域に熱帯林(ねったいりん)が広がり，焼畑(やきはた)農業を行う→現在は過度な伐採(ばっさい)が進む。
- バイオ燃料(バイオエタノール) の生産がさかん。
- **コーヒー豆**の生産量，輸出量は世界一。**鉄鉱石**を多く産出し，日本へも輸出。

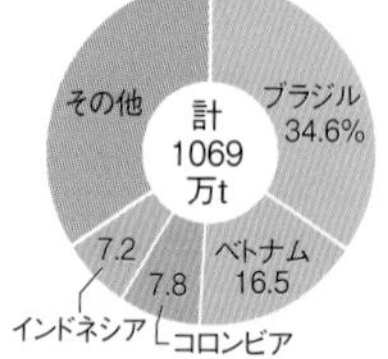

(2020年)(2022/23年版「世界国勢図会」)
▲コーヒー豆の生産量の割合

第11位 フランス

- EU最大の農業国。北部は 混合農業 による**小麦**の栽培(さいばい)，南部は地中海式農業によるぶどうなどの栽培がさかん。
- ヨーロッパの国々と 航空機 を**国際分業**で生産。トゥールーズに組み立て工場がある。

第12位 バイオ燃料(バイオエタノール)(バイオねんりょう)

- **さとうきび**や**とうもろこし**など，植物を原料としてつくられた燃料。 ブラジル では自動車の燃料として利用される。
- 原料となる植物は光合成によって二酸化炭素を吸収するため，燃やしても計算上は二酸化炭素が増加せず，地球にやさしいエネルギーとされる。

□□ 第13位 ドイツ

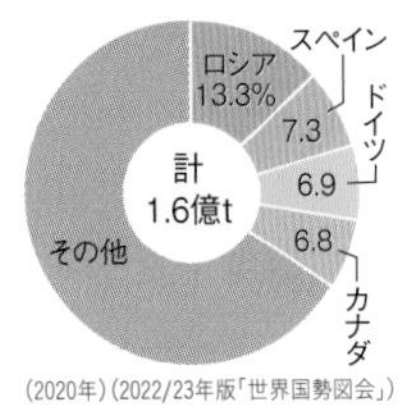

(2020年)(2022/23年版「世界国勢図会」)

▲大麦の生産量の割合

- 第二次世界大戦後，東西に分断。1989年に**ベルリンの壁**が解放され，翌年統一。
- EU最大の工業国。**ライン川流域**のルール工業地域で重化学工業が発達。
- **混合農業**が行われ，小麦や大麦，じゃがいもを栽培。

□□ 第14位 アボリジニ

- **オーストラリア**の**先住民**。狩猟や採集による生活を送っていた。
- 現在はアボリジニの文化の尊重や復権運動が進められている。

(Cynet Photo)

▲アボリジニの伝統的な絵画

□□ 第15位 イギリス

- 首都ロンドン郊外の旧グリニッジ天文台を**本初子午線**が通る。
- 18世紀後半，世界で最初に**産業革命**が起こる。
- 北海油田の開発によって石油の輸出国に。金融業が発達。
- 2020年にヨーロッパ連合（EU）を離脱。

第16位 タイ

- 国民の8割以上が **仏教** を信仰(しんこう)。
- チャオプラヤ川の流域で **稲作(いなさく)** が発達。世界有数の米の輸出国。
- **自動車工業**を中心に工業化

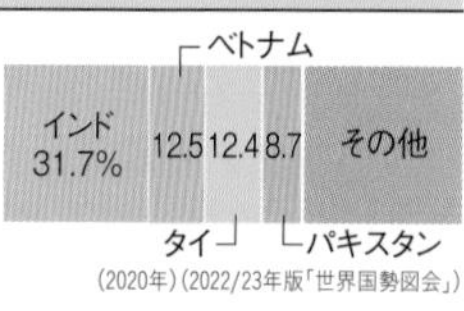

▲米の輸出量の割合

第17位 石炭(せきたん)

- 化石燃料の1つ。**火力発電**の燃料やコークスの原料などに利用。
- 燃やすと **二酸化炭素** が大量に発生するため，地球温暖化の原因となる。

関連 → p237 化石燃料

▲日本の石炭の輸入先

第18位 プランテーション

- 熱帯・亜(あ)熱帯にみられる大規模な農園。主に**天然ゴム**，**コーヒー豆**，**茶**など輸出用の作物を単一栽培(さいばい)。現在は多角化が進む。
- ヨーロッパ人が植民地支配したアジアやアフリカ，南アメリカに開かれた。

(Cynet Photo)
▲コーヒー豆のプランテーション(ブラジル)

第19位 シリコンバレー

- アメリカ合衆国(がっしゅうこく)西部の**サンフランシスコ郊外**にある先端(せんたん)技術（ハイテク）産業が発達した地域。
- 情報通信技術(ICT)関連産業 の企業(きぎょう)が集中している。

第20位 とうもろこし

- 中南米の熱帯地域が原産といわれる穀物。温暖で雨の多い地域で栽培がさかん。
- **アメリカ合衆国**が生産量・輸出量ともに世界一。
- 食用や飼料，バイオ燃料(バイオエタノール) の原料として利用される。

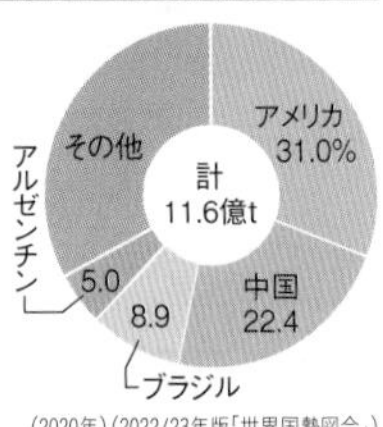

▲とうもろこしの生産量の割合

第21位 パンパ

- 南アメリカ大陸南東部の ラプラタ川 流域に広がる草原。
- 世界有数の農業地帯で，**小麦**，**とうもろこし**の栽培や**肉牛**，**羊**の飼育がさかん。

第22位 マレーシア

▶ マレー半島南部にある東南アジアの国。国民の約6割が イスラム教 を信仰(しんこう)。

▶ イギリスの植民地時代から, プランテーション での**天然ゴム**の生産がさかん。

▶ **工業団地**をつくり外国企業を誘致(ゆうち), 工業化が進む。

石油製品 6.1 パーム油 4.2
機械類 43.4%
その他
衣類 4.2
(2020年) (2022/23年版「世界国勢図会」)

▲マレーシアの輸出品の割合

第23位 ヨーロッパ連合(EU)

▶ ヨーロッパの統合を進めるために1993年に発足した組織。**ヨーロッパ共同体(EC)** が母体。

▶ 共通通貨の ユーロ の導入や**関税の撤廃(てっぱい)**などを実現。

▶ 多くの国で, パスポートなしでの行き来が可能。

▲ EU加盟国数の広がり (2023年9月現在)

▶ 加盟国間の**経済格差**や移民の増加などが問題。

くわしく 現在のEUは, 国民総生産(GDP)において, アメリカ中国と肩を並べる経済圏となっている。

差がつく！ 出るランク 

地理　歴史　公民

第24位 経済特区

▶ **外国の資本や技術を導入**するために，**中国**が経済的な優遇措置をとった地区。

▶ 中国では，外国企業の進出が進み，工業，商業，金融業が発達→急速に経済が発展した。

▲経済特区の位置

第25位 さとうきび

▶ 熱帯・亜熱帯で栽培される，砂糖の原料になる農作物。

▶ **バイオ燃料（バイオエタノール）**の原料。

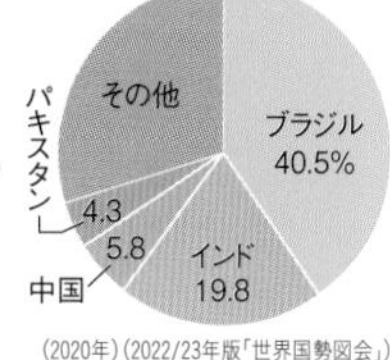

(2020年)(2022/23年版「世界国勢図会」)

▲さとうきびの生産量の割合

第26位 ニュージーランド

▶ 先住民は**マオリ**。

▶ **羊**の飼育と**酪農**がさかんで，羊肉と乳製品の輸出が多い。

(2020年)(2022/23年版「世界国勢図会」)

▲ニュージーランドの輸出品の割合

第27位 大豆

▶ 食用のほかに，豆腐やしょうゆの原料になる作物。

▶ ブラジルや**アメリカ合衆国**で栽培がさかん。アメリカでは飼料としても利用される。

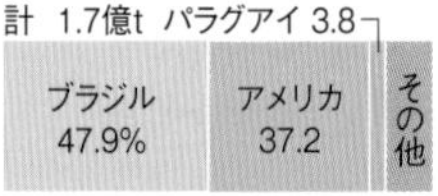

(2020年)(2022/23年版「世界国勢図会」)

▲大豆の輸出量の割合

第28位 ベトナム

▶ 東南アジアの国。メコン川下流域で稲作がさかん。コーヒー豆の生産量・輸出量は世界有数。

▶ 1980年代後半から改革を進め，市場経済を導入。
└ドイモイ(刷新)と呼ばれる

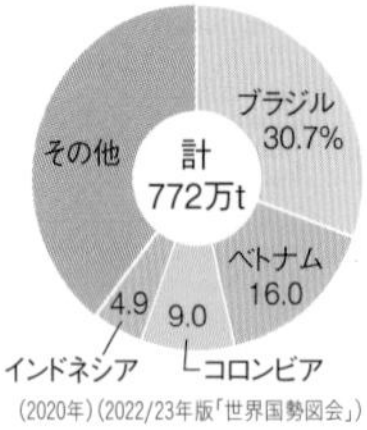

(2020年)(2022/23年版「世界国勢図会」)

▲コーヒー豆の輸出量

第29位 白豪主義

関連 → p40 オーストラリア

▶ オーストラリアでとられていた，ヨーロッパ系以外の移民を制限した政策。

▶ 労働力不足などから1970年代に廃止。現在はさまざまな人種・民族の移民を受け入れて多文化**社会**を目指している。

□□ 第30位

アンデス山脈

関連 → p64 環太平洋造山帯

▶南アメリカ大陸西部を南北に連なる山脈。環太平洋造山帯に属する。
▶先住民が多く，クスコ，ラパスなどの高山都市もある。

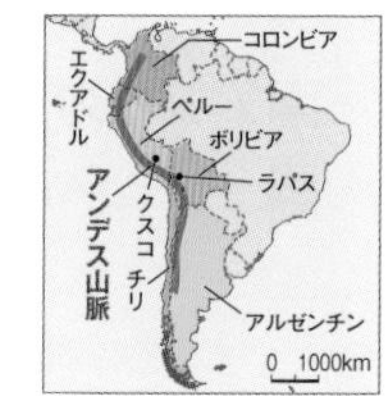

□□ 第31位

オリーブ

▶食用や，オリーブ油の原料にしたりする作物。
▶地中海沿岸のスペイン，イタリアなどで栽培がさかん。

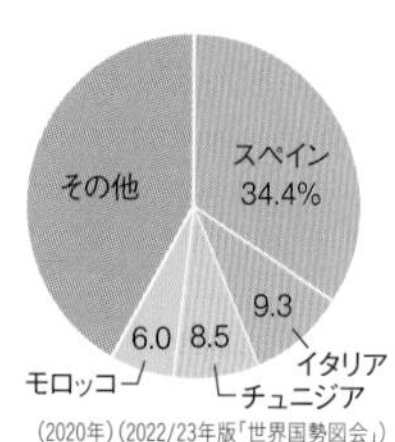

▲オリーブの生産量の割合

□□ 第32位

グレートプレーンズ

▶ロッキー山脈の東に広がる大平原。乾燥した肥沃な土壌で**小麦**，**とうもろこし**の栽培，肉牛の放牧がさかん。

□□ 第33位

二期作

▶1年のうちに同じ耕地で同一の農作物を2回つくること。アジアの熱帯地域で行われる**米の二期作**が代表的。

□□ 第34位

南アフリカ共和国

▶ **金**，**ダイヤモンド**，**石炭**，**レアメタル** など鉱産資源が豊富。アフリカ最大の工業国で，BRICSの一国。

オーストラリア 20.4%
ロシア 12.6
9.3 南アフリカ共和国
5.6 アメリカ
その他
計 5.4万t
(2021年)(2022/23年版「世界国勢図会」)
▲金鉱の埋蔵量の割合

▶ かつては白人が白人以外を差別する **アパルトヘイト**（人種隔離政策）が行われていたが，1991年に廃止された。現在も経済格差の問題が残る。

□□ 第35位

ユーロ

関連 → p46 ヨーロッパ連合

▶ **ヨーロッパ連合（EU）** の加盟国で導入されている共通通貨。

（ピクスタ）

▶ 2023年現在，EU加盟27か国中，導入国は20か国。スウェーデン，デンマーク，ブルガリアなどは導入していない。

□□ 第36位

ラテン系言語

▶ 主に**ヨーロッパ南部**で話されている言語。**フランス語**，イタリア語，スペイン語，ポルトガル語など。

▶ 中南米にも広まった。

第37位 レアメタル

▶ 埋蔵量が少ないか，金属として取り出すことが困難な金属。**希少金属**ともいう。

▶ **クロム**，**マンガン**，**ニッケル**，**コバルト**など。パソコンやスマートフォンなど最新の電子機器に欠かせない材料。

第38位 石油

関連 → p237 化石燃料

▶ 化石燃料の１つ。電力や動力の燃料やプラスチックなどの原料となる。

▶ **ペルシア湾岸**（ペルシャ湾とも），**カスピ海**，**メキシコ湾岸**などで埋蔵量が多い。

▶ 日本は**西アジア**の国々からの輸入が多い。

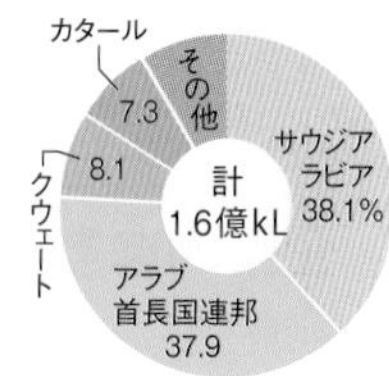

(2022年)(2023/24年版「日本国勢図会」)

▲日本の石油の輸入先

くわしく 油田から採掘したままのものを原油という。

第39位 インドネシア

▶ 東南アジアの国。**赤道**が通る。ジャワ島など，１万を超える島々からなる。国民のほとんどが**イスラム教徒**。

▶ プランテーションでの**天然ゴム**，油やし（パーム油の原料）の栽培がさかん。**石炭**，**天然ガス**などを日本へ輸出。

□□ 第40位

ハブ空港

- 航空路線網において，**乗り継ぎ**の中心的な役割を担う空港。
- ドバイ国際空港（アラブ首長国連邦）やヒースロー空港（イギリス）など。

□□ 第41位

焼畑農業

- 森林や原野を焼いてその灰を**肥料**にし，バナナ，いも，豆，などを栽培する農業。
- 主に熱帯地域で行われている。

□□ 第42位

企業的な農業

- 市場への出荷を目的として，農作物を大規模に生産する農業。
- **アメリカ合衆国**では，**小麦**，**とうもろこし**などを広大な耕地で**大型機械**を使って生産している。

□□ 第43位

エジプト

- アフリカ州の国。**ナイル川**流域にかつてエジプト文明が栄えた。
- 国土のほとんどが砂漠。
- 国民のほとんどが**イスラム教**を信仰。
- **スエズ運河**はアジアとヨーロッパを結ぶ重要な交通路。

▲スエズ運河の位置

□□ 第44位

地中海式農業

関連 → p49 オリーブ

▶乾燥する夏に **オリーブ** ，**ぶどう**，かんきつ類を，夏より雨が多くなる冬に**小麦**などを栽培する。

▶ヨーロッパの **地中海沿岸** ，アメリカ合衆国の太平洋岸，チリ中部など， **地中海性気候** の地域で行われている。

□□ 第45位

トルコ

▶ **アジア** 州と **ヨーロッパ** 州にまたがり，東西文化が交わる地域として発展。国民のほとんどが **イスラム** 教を信仰。

▶ドイツなどEU諸国への出稼ぎ労働者が多い。

□□ 第46位

ナイジェリア

▶人口2億人を超え，アフリカで最多。

▶**石油**を産出し， **石油輸出国機構(OPEC)** に加盟している。

原油	液化天然ガス	船舶	その他
75.4%	11.2	6.2	

(2020年)(2022/23年版「世界国勢図会」)

▲ナイジェリアの輸出品の割合

□□ 第47位

アルゼンチン

関連 → p45 パンパ

▶スペイン系とイタリア系の住民が多い。公用語は**スペイン語**。

▶ **パンパ** での**小麦**や**とうもろこし**の栽培，**肉牛**や**羊**の飼育がさかん。

第48位

カナダ

関連 → p35 タイガ

▶ 国土面積は世界第2位。大部分が寒帯と亜寒帯(冷帯)で，広大な **針葉樹林** が広がる。

▶ ケベック州にフランス系住民が多く，**英語**と **フランス語** が公用語。

第49位

米

▶ 高温多雨の地域が栽培に適する穀物。

▶ **季節風(モンスーン)** の影響が大きい，東アジア，東南アジア，南アジア（モンスーンアジア）の大河流域で栽培がさかん。

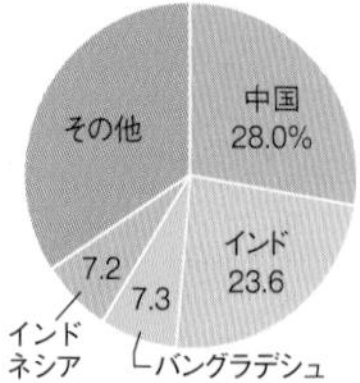

(2020年)(2022/23年版「世界国勢図会」)

▲米の生産量の割合

第50位

スペイン

▶ ヨーロッパのイベリア半島の大部分を占め，**日本と同緯度**に位置する。

▶ **地中海式農業** による **オリーブ**，ぶどう，オレンジの栽培がさかん。

第51位

ヒスパニック

▶ メキシコや中央アメリカからアメリカ合衆国へ移り住んだ人々。**スペイン語** を話す。

▶ アメリカ合衆国の総人口のうち，約2割がヒスパニック。

□□ 第52位

メキシコ

▶ かつて スペイン の植民地で，スペイン語が公用語。メキシコ湾岸で石油を産出。

▶ アメリカ合衆国・カナダと **USMCA（米国・メキシコ・カナダ協定）** を締結。

□□ 第53位

移民（いみん）

▶ 生まれた国を離（はな）れて他国へ移り住んだ人。

▶ アメリカ合衆国 は世界中からやってきた移民によって構成されている。

注意 移民は主に経済的な理由から他国へ移り住んだ人々のこと。難民は主に迫害（はくがい）や紛争（ふんそう）などを逃（のが）れて他国へ移り住んだ人々のこと。

□□ 第54位

公用語（こうようご）

▶ 国の公（おおやけ）の場で使用される言語。複数の公用語をもつ国もある。

▶ アフリカの国々は，かつての 宗主国 の言語も公用語としている。

□□ 第55位

ケニア

▶ 赤道 直下に位置するが，標高が高く涼（すず）しい気候の国。

▶ **コーヒー豆**，**茶**，バラの栽培がさかんで，茶の輸出量は世界一。
└涼しい気候をいかして栽培

▶ **サバナ**（熱帯の草原）は野生動物の生息地で，多くが国立公園，国立保護区に指定。

第56位

石油輸出国機構（OPEC）

▶ **産油国**が自らの利益を守ることや 石油 の国際価格の安定などを目的として1960年に結成した組織。

▶ 西アジア の産油国やアルジェリア，ナイジェリア，ベネズエラなど，計13か国が加盟（2022年現在）。

第57位

アジア太平洋経済協力（APEC）

関連 → p237 アジア太平洋経済協力会議（APEC）

▶ **アジア・** 太平洋 **地域**の経済的な協力を進めるために結成された組織。貿易・投資の自由化を目指す。

▶ 日本，アメリカ合衆国，中国，韓国，シンガポール， オーストラリア など21の国と地域が参加している（2022年現在）。

第58位

アパルトヘイト

▶ かつて 南アフリカ共和国 で行われていた白人以外に対する人種隔離政策。

▶ 1994年には**ネルソン＝マンデラ**が初の黒人大統領となった。

第59位

アフリカ連合(AU)

▶ **アフリカ** 諸国が地域の平和や経済統合を目的として結成した組織。アフリカ統一機構（OAU）を母体とし，2002年に **AU** に発展。

▶ アフリカ州に属する55の国と地域が加盟している。

第60位

アマゾン川

関連 → p42 ブラジル

▶ **南アメリカ** 大陸の**赤道**直下を流れる川。長さは世界第2位，**流域面積は世界最大。**

▶ 流域に世界最大の **熱帯林** が広がるが，農地開発などを目的とする伐採によって，森林面積の減少が進む。

（ピクスタ）

第61位

アルプス山脈

関連 → p70 アルプス・ヒマラヤ造山帯

▶ ヨーロッパの南部を東西に連なる山脈。**アルプス・ヒマラヤ造山帯** に属する。

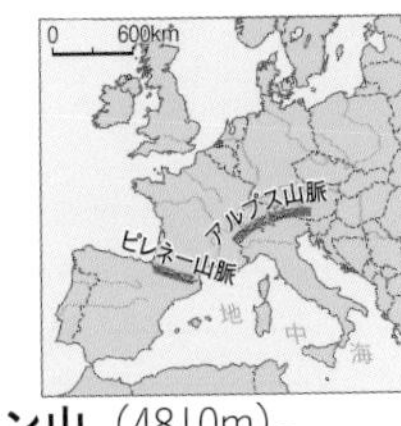

▶ 最高峰は**モンブラン山**（4810m）。

5 身近な地域の調査

必ずおさえる! 出るランク 

第1位 地図記号(ちずきごう)

▶ 土地 利用の様子や**建物の種類**, **道路や鉄道の種類**などをわかりやすい記号で表したもの。

▶ 関連のあるものを図案化した記号が多い。

土地利用	建物・施設	
田	市役所 東京都の区役所	病院
畑	町・村役場 (指定都市の区役所)	神社
果樹園	官公署	寺院
茶畑	警察署	城跡(しろあと)
広葉樹林	消防署	三角点
針葉樹林	郵便局	水準点
竹林	保健所	図書館
笹地(ささち)	発電所・変電所	博物館・美術館
荒地(あれち)	小・中学校	老人ホーム
	高等学校	風車
		自然災害伝承碑(でんしょうひ)

道路・鉄道・境界	
2車線道路	普通(ふつう)鉄道 (単線 駅 複線以上 (JR線) / (JR線以外))
軽車道	都・府・県界
徒歩道	北海道総合振興局・振興局界
国道および路線番号 (4)	郡・市界, 東京都の区界
有料道路および料金所	町・村界, 指定都市の区界

縮尺(しゅくしゃく)

▶ 地図上で，実際の **距離** を縮めた割合。

1 : 50,000　$\frac{1}{50000}$

▶ 物差し，比率，分数などで表す。

▶ **国土地理院** 発行の地形図の縮尺には，**1万分の1**，**2万5000分の1**，**5万分の1** などがある。

▶ 実際の距離は，**地図上の長さ×縮尺の分母**で求める。

例 2万5000分の1地形図上で2cmの長さの実際の距離は，2(cm)×25000＝**500** m **50000** cm となる。

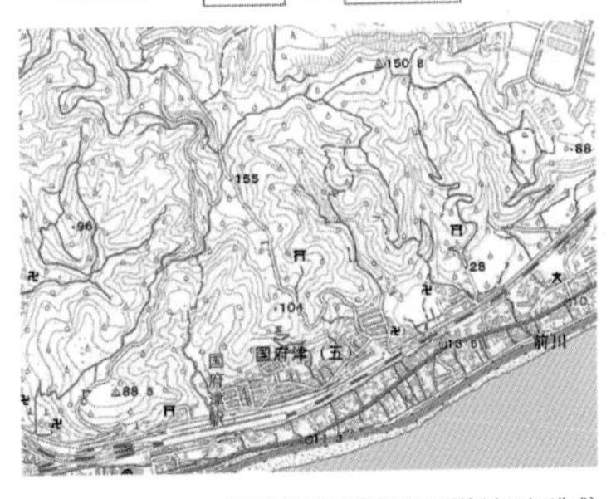

(電子地形図25000(国土地理院)を加工して作成)

(電子地形図50000(国土地理院)を加工して作成)

2万5千分の1地形図の方が細かい情報がわかるね。

▲◀同じ範囲を示した2万5000分の1と5万分の1の地形図の比較

くわしく　縮尺の分母が小さいほど，縮尺が大きい地図という。2万5000分の1地形図と5万分の1地形図では，2万5000分の1地形図の方が縮尺が大きい。

よく出る！ 出るランク

第3位 標高（ひょうこう）

▶海面からの**陸地の** **高さ** 。

▶日本では，東京湾（とうきょうわん）の平均海面を０ｍとし，そこからの高さを表す。

くわしく 日本の水準原点は東京都千代田（ちよだ）区にある。

第4位 方位（ほうい）

▶ある地点からの方向。東西南北の**4方位**，南東，北西などの **8方位** ，北北西，南南東などの**16方位**がある。

▶方位記号がない場合，地図の上が **北** になる。

▲16方位

第5位 等高線（とうこうせん）

▶海面からの **高さ** （標高）の等しい地点を結んだ線。

▶等高線の間隔（かんかく）が狭（せま）いほど土地の傾斜（けいしゃ）は **急** で，間隔が広いほど傾斜は **緩（ゆる）やか** になる。

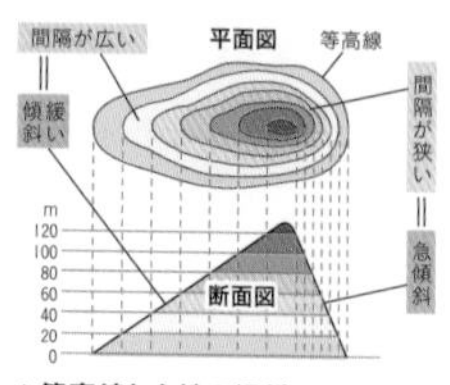

▲等高線と土地の傾斜

差がつく！ 出るランク C

第6位

文献調査

▶地域調査において，文書や書物を閲覧して，調べる方法。図書館や**インターネット**などを利用する。

第7位

聞き取り調査

▶地域調査において，詳しく知っている人を訪ねて話を聞く方法。

▶事前に会う人に連絡をする。**聞きたいこと**を**まとめておき**，入手した情報を**メモしておく**ことが大切。

第8位

三角点

関連 → p58 地図記号

▶ある地点の**位置**（緯度・経度・標高）を測定する際の基準となる点。

▶**山頂付近**やみはらしのよいところなどに設置される。

▲三角点　（ピクスタ）

第9位

自然災害伝承碑

関連 → p58 地図記号

▶かつて発生した津波や洪水，土砂災害などの**自然災害**の記憶を伝えるためにつくられた**石碑**や**モニュメント**。

▶紙の地形図や，国土地理院のウェブ地図「**地理院地図**」などで場所を確認しておき，災害に備えることが大切。

6 日本の地域的特色

必ずおさえる！　出るランク A

第1位 ハザードマップ（防災マップ）（ぼうさいマップ）

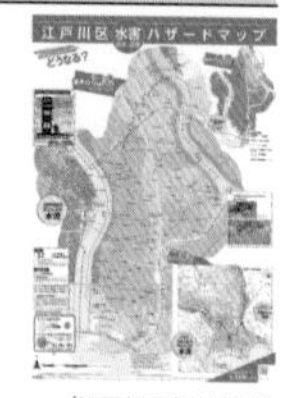

（江戸川区提供画像）
▲東京都江戸川区のハザードマップ

▶ 地震（じしん），水害，火山噴火（ふんか）などの災害時に**被害（ひがい）が予想される地域**や**避難経路（ひなん）**，**避難場所**などを示した地図。都道府県や市町村が作成。

▶ 災害時の**自助**や共助のために，普段からハザードマップを確認しておくことが重要。

第2位 リアス海岸（リアスかいがん）

▶ 陸地の沈降（ちんこう）や海面の上昇（じょうしょう）によって，山地だったところに海水が入り込（こ）んでできた，複雑に入り組んだ海岸。

▶ 湾内（わんない）は波がおだやかなため，天然の良港が多く，**養殖（ようしょく）**もさかん。

▲三陸海岸　（ピクスタ）

▶ 三陸海岸（さんりく），志摩半島（しま），若狭湾（わかさわん）沿岸などにみられる。

くわしく　津波の際，湾奥にいくにつれて波が高くなるので被害を受けやすい。

第3位 人口ピラミッド（じんこうピラミッド）

▶国や地域の人口構成を**性別**，**年齢別**に示したグラフ。

▶多産多死の**富士山型**，少産少死の**つぼ型**，富士山型からつぼ型へ移行する途中の**つりがね型**がある。**発展途上国**は**富士山型**，**先進国**では**つぼ型**になる傾向がある。

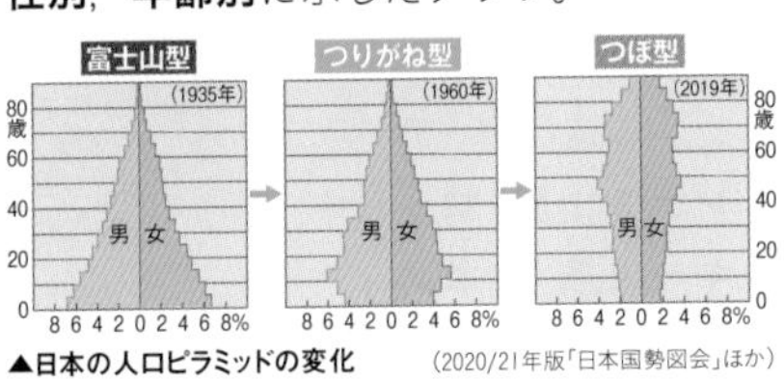

▲日本の人口ピラミッドの変化　(2020/21年版「日本国勢図会」ほか)

第4位 日本アルプス（にほんアルプス）

▶本州の中央部に連なる**飛驒山脈**，**木曽山脈**，**赤石山脈**をまとめた呼び名。「日本の屋根」とも呼ばれる。
└3000m 級の険しい山々

▶飛驒山脈を**北アルプス**，木曽山脈を**中央アルプス**，赤石山脈を**南アルプス**と呼ぶ。

第5位 火力発電（かりょくはつでん）

▶**化石燃料**（石炭，石油，天然ガスなど）を燃やして蒸気を発生させ，その蒸気でタービン（原動機）を回して発電する方法。

▶地球温暖化の原因となる**二酸化炭素**を排出する。

第6位 環太平洋造山帯（かんたいへいようぞうざんたい）

関連 → p75 造山帯

▶ 太平洋 を取り巻くように形成されている造山帯。**アンデス山脈，ロッキー山脈，日本列島**，フィリピン諸島，ニュージーランドなどが属する。

第7位 扇状地（せんじょうち）

▶ 川 が山地から平地に出るところに土砂が積もってできた，なだらかな扇形の地形。

▶ **扇央**は水はけがよいため 果樹園 に利用。**扇端**は水が得やすいため 水田 に利用され，集落が発達する。

第8位 公助・共助・自助（こうじょ・きょうじょ・じじょ）

▶ 災害時に被害を軽減するためにとるべき3つの行動。

- 公助 …国や都道府県，市区町村が救助や支援を行うこと。
- 自助 …自分自身や家族を自分で守ること。
- 共助 …地域住民どうしで互いに助け合うこと。

第9位 フォッサマグナ

- 日本列島の中央部を 南北 にのびる大きな溝（みぞ）。フォッサマグナの東側は山脈がほぼ 南北 に，西側はほぼ 東西 に並ぶ。
- 西端（せいたん）は**新潟県糸魚川市**（いといがわし）と**静岡県静岡市**を結ぶ糸魚川・静岡構造線。

第10位 対馬海流（つしまかいりゅう）

関連 → p69 黒潮（日本海流）

- 東シナ海から**対馬海峡**（つしまかいきょう）を通り，日本海を**北上**する 暖流 。
- 日本海側は，冬の北西の季節風と対馬海流の影響（えいきょう）で，冬に雪や雨が多く降る。

第11位 原子力発電（げんしりょくはつでん）

- **核分裂**（ぶんれつ）による熱エネルギーで発生させた蒸気でタービンを回転させる発電方法。 ウラン が燃料。
- 発電時に二酸化炭素を排出しないが，事故のときに 放射性物質 が放出される危険性や 放射性廃棄物（はいきぶつ） の処理などが問題。

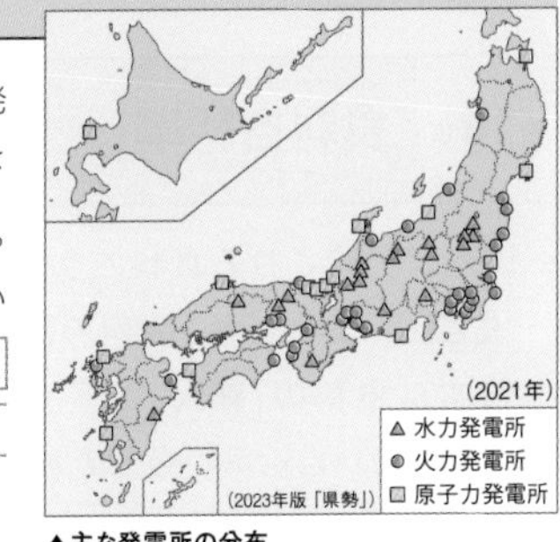

▲主な発電所の分布

よく出る！ 出るランク 

第12位 水力発電（すいりょくはつでん）

▶ 水 が落下するエネルギーを利用してタービン（原動機）を回転させ，電気をつくりだす方法。

▶ 発電時に 二酸化炭素 を排出しないが，発電に必要な ダム の建設費が高く，発電所が消費地から遠いことなどが問題。

第13位 政令指定都市（せいれいしていとし）

▶ **政令**（内閣が発令する命令）によって指定された人口 50万 以上の都市。

▶ 政治的・経済的に都道府県並みの権限を認められる。市内に**区**を設けることができる。

都市	人口	都市	人口
札幌市	196.1	名古屋市	229.3
仙台市	106.5	京都市	138.9
千葉市	97.6	大阪市	273.2
さいたま市	133.2	堺市	82.6
横浜市	375.6	神戸市	151.8
川崎市	152.2	岡山市	70.4
相模原市	71.9	広島市	118.9
新潟市	78.0	北九州市	93.7
静岡市	68.9	福岡市	156.8
浜松市	79.6	熊本市	73.2

(2022年)（万人） (2023年版「県勢」)

▲政令指定都市と人口

第14位 食料自給率（しょくりょうじきゅうりつ）

▶ 国内で消費される食料のうち， 国内生産 でまかなえる食料の割合。

▶ 日本は食料の 輸入 が多く，先進国の中で食料自給率が最低の水準にある。

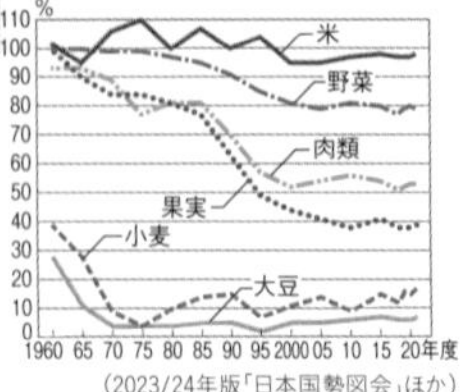

(2023/24年版「日本国勢図会」ほか)

▲日本の食料自給率の変化

第15位 地熱発電（ちねつはつでん）

関連 → p234 再生可能エネルギー

▶ **火山** の地下熱や蒸気を利用してタービンを回し，電気をつくりだす方法。
└発電所が火山周辺にしかつくれないというデメリットもある

▶ **再生可能エネルギー** の１つで，二酸化炭素を排出しない。

▲地熱発電所　（ピクスタ）

第16位 日本海側の気候（にほんかいがわのきこう）

▶ 冬は大陸からの湿（しめ）った **北西** の**季節風**の影響（えいきょう）で雪や雨の日が多く，降水量が多い。

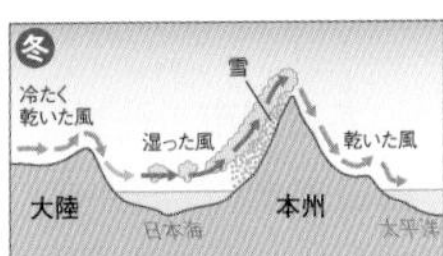

▲冬の季節風の動き

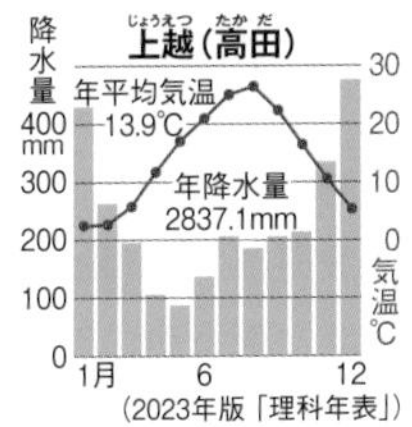

（2023年版「理科年表」）

第17位 北関東工業地域（きたかんとうこうぎょうちいき）

▶ **茨城県**，**栃木県**，**群馬県**にまたがる工業地域。

▶ 京浜（けいひん）工業地帯からの工場の移転や高速道路の整備によって **工業団地** がつくられ発展した。内陸部に**電気機械**や**自動車**などの工場が多い。

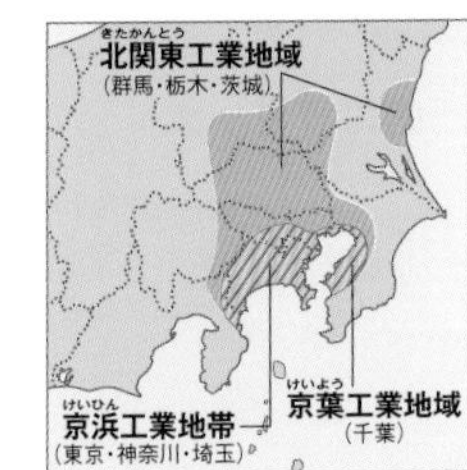

□□ 第18位 三角州（さんかくす）

▶ 川 が海や湖に出るところに土砂が積もってできた，**低くて平らな土地**。

▶ **水もちがよい**ため 水田 に利用され，集落も発達する。

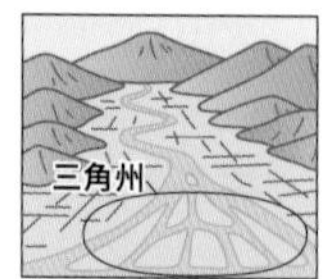

□□ 第19位 中京工業地帯（ちゅうきょうこうぎょうちたい）

▶ **愛知県**を中心に**三重県**，**岐阜県**にまたがる工業地帯。工業地帯・工業地域別の工業生産額は日本一。

▶ **豊田市**の 自動車工業 ，**名古屋市**の機械工業，**東海市**の鉄鋼業，**四日市市**の 石油化学工業 など，重化学工業が発達している。

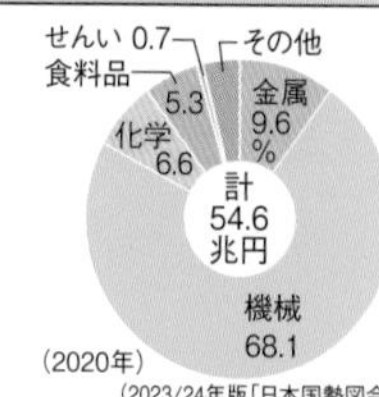

▲**中京工業地帯の工業出荷額の割合（愛知県・三重県）**

□□ 第20位 養殖業（ようしょくぎょう）

関連 → p70 栽培漁業

▶ 魚 や**貝**，**海藻**などをいけすなどで**人工的に育て**，成長してから出荷する漁業。

くわしく　波がおだやかな湾や入り江などの海で行われる海面養殖業と，湖や川で行われる内水面養殖業がある。

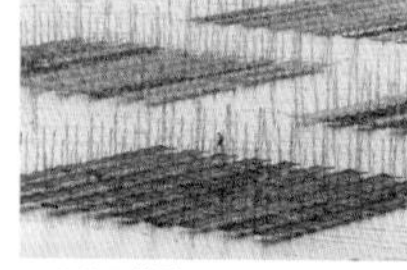

▲**のりの養殖**　（ピクスタ）

□□ 第21位 瀬戸内の気候（せとうちのきこう）

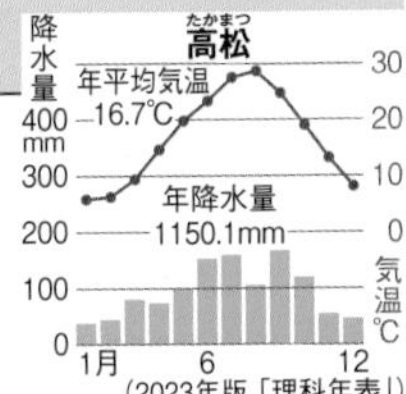

▶ 一年を通じて降水量が **少なく** ，冬でも比較的温暖な気候。**瀬戸内海沿岸**に分布する。

くわしく 季節風が中国山地と四国山地によってさえぎられるため，降水量が少なくなる。

□□ 第22位 黒潮（日本海流）（くろしお〈にほんかいりゅう〉）

▶ 日本列島の**太平洋側**を北上する **暖流** 。

▶ 日本列島の太平洋側を南下する**親潮（千島海流）**と出合う **潮目（潮境）** は，好漁場となっている。

関連 → p74 親潮（千島海流），p65 対馬海流

□□ 第23位 太平洋側の気候（たいへいようがわのきこう）

▶ 夏は太平洋からの湿った **南東** の**季節風**の影響で，降水量が **多い** 。

▶ 冬は山を越えて吹いてくる **北西** の乾いた季節風の影響で**晴れの日**が多く，**乾燥**する。

▲夏の季節風の動き

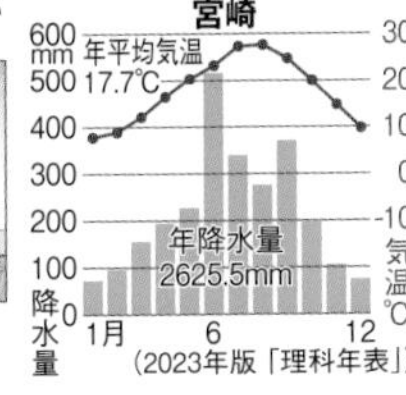

差がつく！ 出るランク 

□□ 第24位

太平洋ベルト

▶ **関東地方**から**九州北部**にかけての沿岸部とその周辺に帯状に連なる地域。工業地帯・地域が集中。

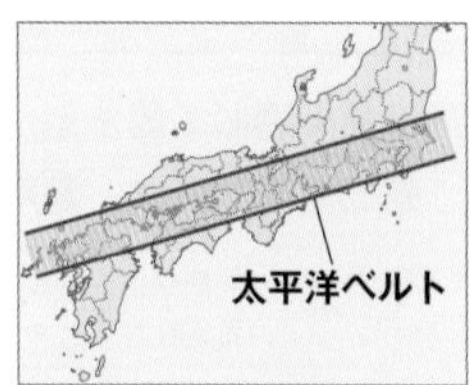

▶ **人口** が集中し，大都市が多い。

□□ 第25位

アルプス・ヒマラヤ造山帯

関連 → p75 造山帯

▶ **ユーラシア大陸** の南部を東西に連なる造山帯。**アルプス山脈**や**ヒマラヤ山脈**，インドネシアなどが属する。

▶ 険しい山脈・山地が続き，**火山の噴火** や **地震** が多く発生する。

□□ 第26位

栽培漁業

関連 → p68 養殖業

▶ 卵からふ化させて人工的に育てた**稚魚・稚貝**を海や川に **放流** し，成長してからとる漁業。

育てる漁業は，水産資源を守る考えのもと行われているよ。

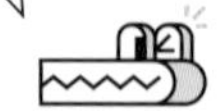

▶ 養殖業とともに「**育てる漁業**」の1つ。

⚠注意 栽培漁業は自然の川や海にいったん放流するが，養殖業は放流しない。

第27位

潮目（潮境）

関連 → p69 黒潮(日本海流), p74 親潮(千島海流)

▶ **暖流**と**寒流**が出合う海域。日本近海では，**黒潮（日本海流）**と**親潮（千島海流）**。

▶ プランクトンが育つため，多くの魚が集まる好漁場となる。

第28位

人口密度

▶ 1 km² あたりの**人口**を示す数値。

▶ **三大都市圏**でとくに数値が**高く**，**農山村**や離島で**低い**。

第29位

瀬戸内工業地域

▶ **瀬戸内海沿岸**に形成された工業地域。

▶ **塩田**の跡地や**遠浅の海**を埋め立てて，工業用地を確保。

▶ **倉敷市水島地区**で**石油化学工業**と**鉄鋼業**，福山市で鉄鋼業，周南市で石油化学工業が発達。

└石油化学コンビナート

金属	機械	化学	食料品	せんい	その他
18.2%	34.6	20.0	8.7	2.2	

(2020年)(2023/24年版「日本国勢図会」)

▲瀬戸内工業地域の工業生産額の割合

第30位

太陽光発電

関連 → p234 再生可能エネルギー

▶ **太陽電池**を使って太陽光のエネルギーを直接電気に変換する方法。

▶ **再生可能エネルギー**の1つ。二酸化炭素を排出しないが，くもりや雨の日は発電量が少なくなる。

□□ 第31位

大陸棚

▶ 陸地周辺に広がる，水深 200m までの緩やかに傾斜する海底。

▶ **プランクトン**が豊富な好漁場であり，**石油**や**天然ガス**などの資源開発も行われている。

□□ 第32位

北海道の気候

▶ 夏は冷涼で，冬は寒さが厳しい。

▶ 梅雨 がなく，1年を通じて**降水量が少ない**。

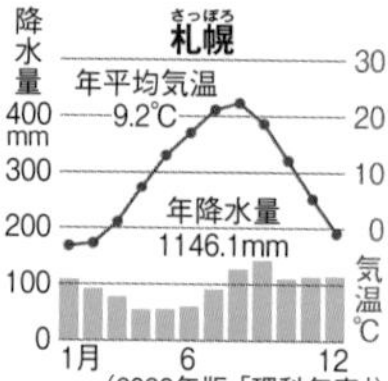

札幌
降水量 mm
年平均気温 9.2℃
年降水量 1146.1mm
気温 ℃
400 300 200 100 0
30 20 10 0
1月 6 12
(2023年版「理科年表」)

▶ 亜寒帯(冷帯) に属する。

□□ 第33位

加工貿易

▶ **原材料**を 輸入 し，それを加工した製品を 輸出 する貿易。

▶ かつての日本の貿易形態。現在は**製品の輸入**が増えている。

□□ 第34位

防災

▶ 地震や風水害などの自然災害の被害を防ぐこと。津波を防ぐための**防波堤**，土砂災害を防ぐための**砂防ダム**など。

▶ 被害を少なくすることを 減災 という。

▶ 防災訓練や ハザードマップ(防災マップ) の閲覧，**防災教育**などが大切。

□□ 第35位

貿易摩擦（ぼうえきまさつ）

▶ 貿易 において起こる国家間の利害対立。
▶ 一方の国の 貿易赤字 が大きいなど，不均衡（ふきんこう）な貿易が行われた場合に起こる。
▶ 一方の国で**失業者の増加**や**産業の衰退（すいたい）**が起こる。

□□ 第36位

六次産業化（ろくじさんぎょうか）

▶ 地元の農水産物**（第 一 次）**を原材料に**加工（第 二 次）**し，**販売（第 三 次）**する取り組み。

□□ 第37位

Iターン（アイターン）

▶ 生まれ育った土地以外の場所に 就職（しゅうしょく） したり， 移住 したりすること。
▶ 都市出身者が地方に移り住むことをさすことが多い。

□□ 第38位

Uターン（ユーターン）

▶ 地方で生まれ育った人が進学や就職で 都市部 に移り住み，その後，再び生まれ育った土地へ戻ること。

第39位

液化天然ガス(LNG)

▶ 地下で発生する天然ガスを液状にしたもの。火力発電の燃料にしたり，**都市ガス用**に使われたりする。

▶ 燃やしたときに二酸化炭素や大気汚染の原因物質の排出が少ない。

第40位

親潮(千島海流)

関連 → p69 黒潮(日本海流)

▶ 日本列島の**太平洋側**を南下する寒流。

▶ 北海道の濃霧や東北地方のやませの原因となる。

第41位

過疎

▶ 都市部への人口流出によって**農山村**の人口が著しく減少した状態。

▶ **学校や病院などの閉鎖**や交通機関の廃止などが起こり，社会生活の維持が難しくなる。

人口が集中している状態は過密というよ。

第42位

寒流

関連 → p76 暖流

▶ **高緯度**から**低緯度**へ向かって流れる，周辺の海水よりも寒冷な海流。

▶ 日本列島周辺では，親潮(千島海流)と**リマン海流**がある。

第43位

近郊農業

▶東京，大阪，名古屋などの大都市へ出荷することを目的に，その近郊で行われる農業。新鮮な**野菜**や**果樹**，**花**などを栽培する。

(Cynet Photo)

▶関東地方の**千葉県**や**茨城県**でとくにさかん。

第44位

京葉工業地域

▶**千葉県**の東京湾岸に形成された工業地域。**化学工業**の割合が高い。

▶千葉市と君津市で**鉄鋼業**，市原市と袖ケ浦市で**石油化学工業**が発達している。

第45位

造山帯

▶地球の古い時代に山地や列島をつくる動きが起こった地域，または現在も活動が活発な地域。

▶**環太平洋造山帯**と**アルプス・ヒマラヤ造山帯**が代表的。

第46位

第二次産業

▶**鉱業**，**製造業**，**建設業**などをまとめた呼び名。

▶自然から得られた材料を加工する。

第47位 暖流

関連 → p74 寒流

- **低緯度**から**高緯度**へ向かって流れる周辺の海水よりも高温な海流。
- 日本列島周辺では **黒潮(日本海流)** と**対馬海流**。

第48位 ドーナツ化現象

- 都市部において，**都心**（中心部)の人口が**減少**し，その周辺の人口が増加する現象。
- 都心での**住宅価格の上昇**や**公害**などによって，郊外へ移り住む人が増えることにより起こる。

第49位 南海トラフ

- **駿河湾**から**日向灘**にかけての海底に連なる**細長い溝状の地形**。 
- 過去，巨大地震が繰り返し起きており，近い将来，巨大地震が発生すると予想されている。

第50位 海溝

- 海底に形成された**細長くて深い** **溝**。深いところでは数千～1万mに達する。

くわしく　日本列島の南方にあるマリアナ海溝には，地球上で最も深い地点(水深1万920m)がある。

□□ 第51位

産業の空洞化

▶ 国内の企業が工場を **海外** に移すことなどによって，国内の産業が衰退する現象。

▶ **雇用の減少**や**経済の衰退**などが生じる。

□□ 第52位

三大都市圏

▶ **東京**，**大阪**，**名古屋** の三大都市とその周辺に広がる地域。**人口**や**産業**が集中する。

▶ 日本の総人口の**半分近く**が三大都市圏に集中している。

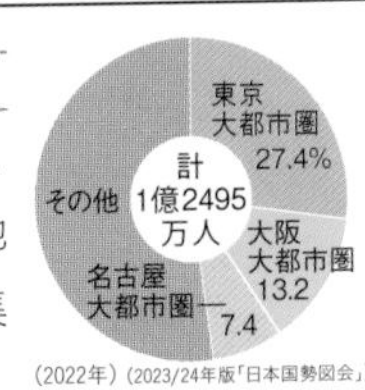

（2022年）（2023/24年版「日本国勢図会」）

▲日本の総人口に占める三大都市圏の割合

□□ 第53位

地方中枢都市

▶ 各地方の政治，経済，文化の中心となっている都市。国の機関の支所や大企業の支店が置かれる。

▶ 北海道地方の **札幌市**，東北地方の **仙台市**，中国・四国地方の **広島市**，九州地方の **福岡市** などがある。

□□ 第54位

内陸の気候（中央高地の気候）

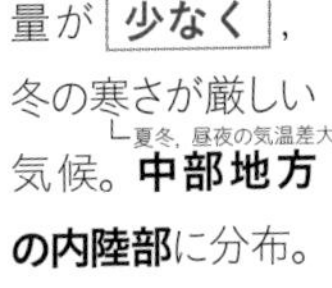

▶ 1年を通じて降水量が **少なく**，冬の寒さが厳しい気候。**中部地方の内陸部**に分布。
└夏冬，昼夜の気温差大

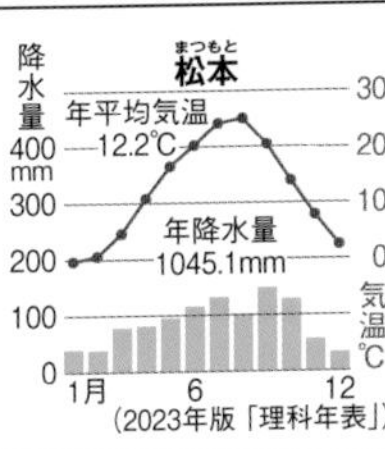

（2023年版「理科年表」）

7 日本の諸地域

必ずおさえる! 出るランク 

第1位 静岡県(しずおかけん)

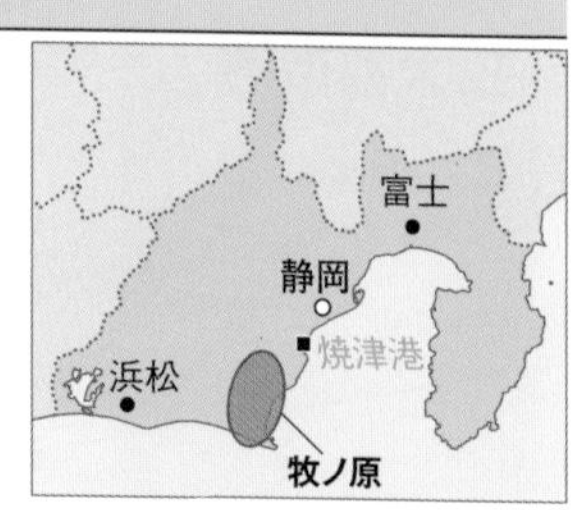

- 牧ノ原(まきのはら)などで栽培(さいばい)される 茶 の生産がさかん。温暖な気候をいかした みかん の栽培。
- 焼津(やいづ) 港は**遠洋漁業**の基地で，全国有数の水揚げ量。
- 東海(とうかい)工業地域 を形成。浜松(はままつ)市で**オートバイ**や**楽器**，富士(ふじ)市で 製紙・パルプ工業 が発達。

第2位 カルデラ

- 火山の爆発や噴火(ふんか)によって山頂付近が陥没(かんぼつ)，または吹き飛んでできた大きなくぼ地。熊本県の 阿蘇山(あそさん) のカルデラは世界最大級。
- 周りを**外輪山(がいりんざん)**と呼ばれる山々で囲まれ，カルデラに水がたまると カルデラ湖 となる。
  └北海道の洞爺湖など

阿蘇山のカルデラの内部には，町が形成されているよ。

▲阿蘇山のカルデラ (ピクスタ)

□□

第3位 促成栽培（そくせいさいばい）

▶ビニールハウスや温室などの施設を利用して，野菜などの生育・出荷を **早める** 栽培方法。

▶ **宮崎平野** や**高知平野**など温暖な地域でさかん。**なす**，**ピーマン**，**きゅうり**などの野菜を栽培。

なす 29.8万t

高知	熊本	群馬	茨城	その他
13.2%	11.2	9.2	6.1	

ピーマン 14.9万t

茨城	宮崎	鹿児島	高知	その他
22.5%	18.0	9.0	8.8	

（2021年）　（2023/24年版「日本国勢図会」）

▲なすとピーマンの生産量の割合

□□

第4位 やませ

▶**初夏**から**夏**にかけて吹く，冷たく湿(しめ)った **北東** 風。東北地方の太平洋(たいへいよう)側に吹く。

▶長引くと農作物が十分に育たなくなる **冷害** を引き起こす。

□□

第5位 鹿児島県（かごしまけん）

関連 → p82 シラス台地

▶**桜島**(さくらじま)などの火山噴出物が積もった **シラス台地** が広がる。

▶**豚**(ぶた)や**肉用牛**の飼育がさかん。「かごしま黒豚」はブランド豚として有名。 **さつまいも** や**茶**の栽培もさかん。

▶ **屋久島**(やくしま)，**奄美大島**(あまみおおしま)，**徳之島**(とくのしま)は世界自然遺産に登録。**種子島**(たねがしま)は鉄砲伝来の地。

第6位 昼間人口・夜間人口(ちゅうかんじんこう・やかんじんこう)

▶ 夜間人口は地域に住んでいる人口。昼間人口は夜間人口に通勤・通学などの移動を加減した数。

▶ 大都市の都心部は **昼間** 人口の方が多い。逆に大都市の郊外は **夜間** 人口の方が多い。

	昼間人口(千人)	常住(夜間)人口(千人)	昼夜間人口比率
茨城……	2799	2867	97.6
埼玉……	6435	7345	87.6
千葉……	5550	6284	88.3
東京……	16752	14048	119.2
神奈川…	8306	9237	89.9

昼夜間人口比率は,常住人口100人あたりの昼間人口。(2020年) (2023/24年版「日本国勢図会」)

▲東京大都市圏(けん)の昼間人口と夜間人口

第7位 岩手県(いわてけん)

関連 → p62 リアス海岸

▶ **三陸海岸**(さんりく)南部は **リアス海岸** が続く。湾内(わんない)で**わかめ**, **こんぶ**, **かき**などの養殖(ようしょく)がさかん。

▶ 母屋と馬屋を合わせた**南部曲家**(なんぶまがりや)が残る。

▶ 盛岡(もりおか)市などでつくられる **南部鉄器** は国の**伝統的工芸品**。

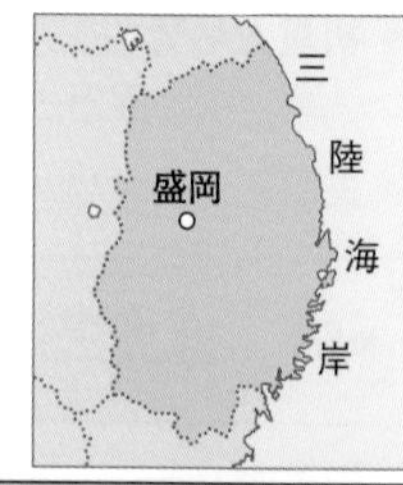

第8位 宮崎県(みやざきけん)

関連 → p79 促成栽培

▶ **宮崎平野**で **促成栽培**(そくせいさいばい) によるピーマン,きゅうりの栽培がさかん。

▶ 南部のシラス台地で, **肉牛**, **豚**(ぶた), **食用のにわとり**の飼育など畜産がさかん。

▶▶ よく出る！ ◀◀ 出るランク 

第9位 大阪府（おおさかふ）

▶ 江戸時代は「**天下の台所**」と呼ばれた商業の中心地→現在も **卸売業** など商業が発達。

▶ **阪神工業地帯** の中心地。内陸部に日用品をつくる中小工場が多い。

▶ **大阪（京阪神）大都市圏**を形成。大阪湾上に **関西国際** 空港。

第10位 愛知県（あいちけん）

▶ **中京工業地帯** の中心地。**豊田市** の**自動車工業**を中心に機械工業が発達。

▶ 用水路を利用した畑作。**渥美半島**で **電照菊** の栽培。

▶ **名古屋大都市圏**を形成。伊勢湾上に **中部国際** 空港。

第11位 愛媛県（えひめけん）

▶ 温暖な気候をいかした **みかん** の栽培。

▶ 瀬戸内海沿岸は **瀬戸内工業地域** に属する。

▶ 宇和海にのびるリアス海岸で，**たい**，**はまち**，**真珠**の養殖。

□□ 第12位 シラス台地（シラスだいち）

▶ **鹿児島県**と**宮崎県南部**に広がる **火山灰** などが積もった台地。
▶ 水もちが悪く，崩れやすいので稲作に不向き。乾燥に強い **さつまいも** を栽培。
▶ かんがい設備の整備によって，**茶**や**野菜**の栽培がさかんになった。

□□ 第13位 ヒートアイランド現象（ヒートアイランドげんしょう）

▶ 都市中心部の気温が周辺よりも **高く** なる現象。
▶ 緑地や水面の減少，エアコンや自動車からの放射熱，アスファルト舗装やコンクリートの増加などが原因で起こる。

□□ 第14位 兵庫県（ひょうごけん）

▶ **阪神工業地帯** に属する。神戸市で機械工業，姫路市で鉄鋼業が発達。
▶ 埋め立てによって，臨海部に **ポートアイランド** や**六甲アイランド**，**神戸空港**などの人工島を建設。
▶ **明石海峡大橋** と**大鳴門橋**で四国と結ばれる。

□□ 第15位 福岡県（ふくおかけん）

- **福岡市**は九州地方の **地方中枢都市** で，**政令指定都市。**
- **北九州市**は明治時代に官営の **八幡製鉄所** が操業し，鉄鋼業が発達→1960年代のエネルギー革命で衰退。
- 北九州市はかつて大気汚染が深刻化。現在は **エコ** **タウン。**

□□ 第16位 抑制栽培（よくせいさいばい）

- 農作物の成長を **遅らせて** 出荷する栽培方法。高原での**レタス**，**キャベツ**の栽培や **電照菊** の栽培など。
- ほかの地域と出荷時期をずらすことによって，高値で売られる。

> くわしく　電照菊は，施設内で電灯を照らして開花時期を遅らせて出荷する菊。菊は日照時間が短くなると開花する性質をもつので，これを利用する。

□□ 第17位 エコツーリズム

- 自然や伝統文化に直接ふれ，その価値や大切さを理解して保全につなげようとする **観光** の考え方。
- エコツーリズムのもとに行われる観光ツアーを **エコツアー** という。

第18位 成田国際空港（なりたこくさいくうこう）

▶ 千葉 県成田市にある国際空港。
▶ 貿易額は全国一。輸出入品には**電子部品**や**医薬品**が多い。

計 12.8兆円
半導体等製造装置 9.1%
科学光学機器 5.8
その他
集積回路 3.9
金（非貨幣用）5.6
（2021年）　（2023/24年版「日本国勢図会」）

▲成田国際空港の輸出品の割合

第19位 北海道（ほっかいどう）

関連 → p83 エコツーリズム

▶ 先住民族は アイヌ民族（アイヌの人々）。アイヌ語に由来する地名が多い。
▶ **石狩平野**は 客土 によって稲作地に。**十勝平野**で畑作，**根釧台地**で 酪農 。
▶ 知床 は世界自然遺産に登録。**エコツーリズム**がさかん。

第20位 青森県（あおもりけん）

▶ 本州最北端の県。津軽半島と下北半島が突き出る。
▶ **津軽平野**で りんご の栽培，**陸奥湾**で ほたて の養殖。
▶ **津軽塗**は国の伝統的工芸品。 青森ねぶた祭 は東北三大祭りの1つ。

□□ 第21位 香川県（かがわけん）

- 面積が全国最小の県。
- 雨の少ない**瀬戸内の気候**。**讃岐平野**に多くの **ため池** がある。
- **小豆島**で **オリーブ** の栽培がさかん。
- **瀬戸大橋** で本州の岡山県とつながる。

□□ 第22位 栃木県（とちぎけん）

関連 → p67 北関東工業地域

- **いちご** の生産量は全国一。**かんぴょう**の生産もさかん。
- **北関東工業地域** に属する。東北自動車道沿いに**電気機械**や**自動車**の工業団地が進出。
- **日光の社寺** は**世界文化遺産**に登録。

□□ 第23位 埼玉県（さいたまけん）

- 再開発によってできた **さいたま新都心** が東京からの都市機能を分担。
- 大都市向けの野菜をつくる**近郊農業**がさかん。**狭山茶**も有名。
- 東京への通勤・通学者が多い。

第24位 中部地方（ちゅうぶちほう）

▶ **北陸**…雪が多い。**水田単作地帯**で，**地場産業**や**伝統産業**が発達。

▶ **中央高地**…明治時代に養蚕や製糸業，戦後は**精密機械**工業が発達。現在は**電子機器**の生産がさかん。盆地の扇状地で果樹栽培，高原での野菜の**抑制栽培**。

▶ **東海**…**中京工業地帯**や**東海工業地域**が発達。**名古屋大都市圏**に人口と産業が集中。

第25位 奈良県（ならけん）

▶ 710年に**平城京**が置かれた古都。**法隆寺**などが世界遺産（文化遺産）に登録。

▶ **紀伊山地**で**吉野すぎ**を生産。**奈良筆**は国の**伝統的工芸品**。

▶ 古都の景観を守る取り組み。
└町家を活用した店舗など

奈良
紀伊山地

第26位 新潟県（にいがたけん）

▶ 日本最長の**信濃川**が流れる。**越後平野**は日本を代表する米どころ。

▶ 燕市の**金属洋食器**や十日町市の**絹織物**など，**地場産業**がさかん。

▶ 県庁所在地の新潟市は**政令指定都市**。

差がつく！ 出るランク 

□□ 第27位

山梨県

▶ **甲府盆地**の扇状地で，**ぶどう**，**もも**などの栽培。

▶ **富士山**は**世界文化遺産**に登録。

□□ 第28位

茨城県

▶ 利根川下流域で**稲作**，近郊農業での**メロン**，**はくさい**，**ピーマン**の栽培。

▶ **北関東工業地域**に属する。臨海部の**鹿島臨海工業地域**では鉄鋼業が発達。

▶ つくば市の**筑波研究学園都市**に大学や研究機関が集中。

□□ 第29位

神奈川県

▶ **横浜市**は港町として発展。臨海部に**みなとみらい21**と呼ばれる再開発地区。

▶ **京浜工業地帯**の中心地。臨海部で石油化学工業や鉄鋼業が発達。

□□ 第30位

岐阜県

▶**濃尾平野**に 輪中 がみられる。

▶各務原市で**航空機産業**が発達。**美濃焼**や 美濃和紙 など，伝統産業もさかん。

▶ 白川郷 の合掌造り集落は**世界文化遺産**に登録。

□□ 第31位

高知県

▶温暖な 高知平野 で，**なす，ピーマン**の 促成栽培 。

▶**黒潮**の影響で降水量が多い。

▶過疎化が進む。

□□ 第32位

岡山県

関連 → p71 瀬戸内工業地域

▶雨の少ない 瀬戸内の気候 。

▶**瀬戸大橋**で香川県とつながる。

▶**瀬戸内工業地域**の中心地。倉敷市 水島 地区に**石油化学コンビナート**。

第33位
群馬県

▶ 浅間山の山ろくで 高原野菜 の**抑制栽培**。下仁田町で**こんにゃくいも**，**ねぎ**の栽培。

▶ 北関東工業地域 に属する。太田市と伊勢崎市で**自動車工業**が発達。

▶ 明治時代につくられた官営の 富岡製糸場 は**世界文化遺産**に登録。

第34位
世界遺産

▶ 国連教育科学文化機関(ユネスコ) の世界遺産条約に登録された，世界的に貴重な自然や建造物，町並みなど。

▶ **自然遺産**，**文化遺産**，**複合遺産**がある。

第35位
千葉県

関連 → p75 京葉工業地域
→ p84 成田国際空港

▶ 近郊農業 がさかんで，**ねぎ**，**ほうれんそう**などの生産量は全国有数。

▶ 東京湾岸に 京葉工業地域 を形成し，**石油化学工業**や**鉄鋼業**が発達。

▶ 成田国際空港 は日本の空の玄関口。貿易額は全国一。

□□ 第36位

東北地方

▶ **三陸海岸**は **リアス海岸** 。日本海側は北西の季節風の影響で，冬に雪が多い。

▶ **稲作** がさかん。**りんご**，**もも**，**さくらんぼ**などの果樹栽培。

▶ **青森ねぶた祭**， **秋田竿燈まつり** ，**仙台七夕まつり**は東北三大祭り。

□□ 第37位

長野県

▶ **日本アルプス**の山々が連なる。

▶ 盆地で **りんご** 栽培，高原でレタスやはくさいの抑制栽培。

▶ **諏訪盆地**周辺で **精密機械** や**電気機械**の生産。**先端技術産業**も発達。

□□ 第38位

広島県

▶ **広島市**は中国・四国地方の **地方中枢都市** で，**政令指定都市**。

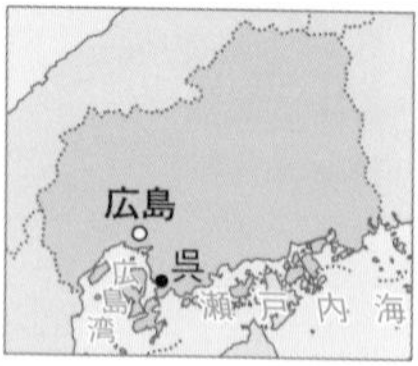

▶ **広島湾**で **かき** の養殖。瀬戸内海沿岸で**レモン**の栽培。

▶ **瀬戸内工業地域**に属し，工業が発達。

▶ **原爆ドーム** と**厳島神社**は**世界文化遺産**に登録。

第39位
宮城県

▶ **仙台市**は東北地方の **地方中枢都市** で，**政令指定都市**。

▶ **仙台平野**を中心に **稲作** がさかん。

▶ 三陸海岸はリアス海岸。湾内で**わかめ**，**かき** の養殖。
└仙台湾でもさかん

第40位
山口県

▶ **秋吉台**は日本最大級の**カルスト地形**。
└石灰岩が水でとけてできた地形

▶ **瀬戸内工業地域** に属する。周南市と宇部市で**石油化学工業**が発達。

▶ **関門トンネル** や**関門橋**で九州とつながる。

第41位
石川県

▶ **金沢市**は江戸時代に城下町として繁栄。

▶ 日本海に**能登半島**が突き出る。

▶ **輪島塗**，**九谷焼**，**加賀友禅**は国の伝統的工芸品。

□□ 第42位

奥羽山脈

▶東北地方の中央部を南北に走る山脈。

▶奥羽山脈を境に，東北地方は**太平洋側の気候**と［**日本海側**］**の気候**に分かれる。

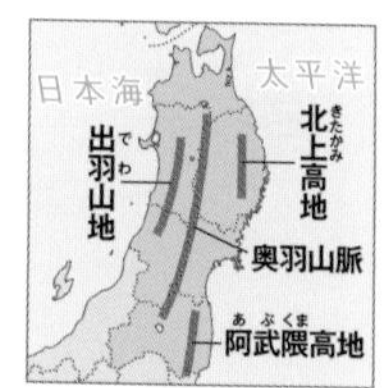

□□ 第43位

沖縄県

▶［**亜熱帯**］の気候に属し，**台風**が多い。

▶［**アメリカ合衆国**］の軍用地が多い。

▶**さとうきび**，**パイナップル**，**菊**の生産がさかん。

▶かつては［**琉球王国**］が栄える。

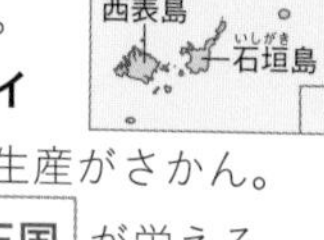

□□ 第44位

近畿地方

▶［**阪神工業地帯**］が形成され，［**大阪**］（京阪神）**大都市圏**が広がる。

▶京都や奈良で歴史的景観を守る取り組み。

□□ 第45位

滋賀県

関連 → p95 琵琶湖

▶日本一広い湖の［**琵琶湖**］は京阪神の水源。

▶**近江盆地**で稲作。

第46位

九州地方

- **阿蘇山**，**雲仙岳**，**桜島**など火山が多い。くじゅう連山や鹿児島県南部に**地熱発電所**がある。
- **宮崎平野**で野菜の**促成栽培**。鹿児島県と宮崎県で**豚**や肉牛の飼育。
- **IC 工場**や**自動車工場**が多い。

第47位

地場産業

- 古くから地域との結びつきが強い産業。
- 地元の中小企業や個人によって行われることが多い。**木工品**，**清酒**，**洋食器**，**眼鏡のフレーム**などがある。

第48位

筑紫平野

- 九州の**筑後川**下流域に広がる平野。福岡県と佐賀県にまたがる。

- 古くから**有明海**の**干拓**で耕地を拡大。米と小麦などの**二毛作**も行われている。

第49位

伝統的工芸品

- **地元の原料**と**伝統的な技術**をいかしてつくられた工芸品のうち，とくに価値のあるものとして経済産業大臣に指定されたもの。**陶磁器**，**織物**，**木工品**，**和紙**，**漆器**など。

□□ 第50位

東京国際空港

▶ **東京都**の多摩川河口にある**国際空港**。**羽田**空港とも呼ばれる。

▶ 国内航空路線の中心。**国際便**の運航も多い。

□□ 第51位

鳥取県

▶ 東部の海岸線に**鳥取砂丘**が広がる。

▶ 日本なしや砂丘周辺で栽培される**らっきょう**の生産。

□□ 第52位

富山県

▶ 米の単作。砺波平野で**チューリップ**の球根の栽培。

▶ **黒部ダム**で**水力発電**が行われている。

□□ 第53位

長崎県

▶ 島の数が全国一。**リアス海岸**がみられる。

▶ **長崎市**や**佐世保市**で**造船業**が発達。

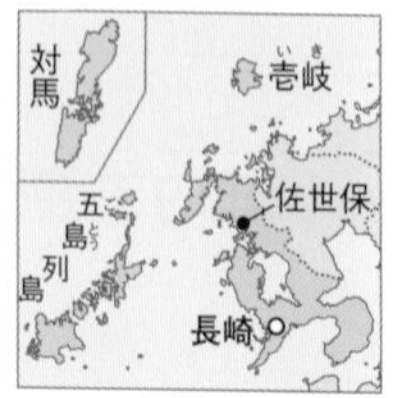

□□ 第54位

琵琶湖

- 日本一 **面積** が広い湖。滋賀県の面積の約**6分の1**を占める。
- 淡水赤潮やアオコなど**水質汚濁**が問題。

□□ 第55位

福井県

- **若狭湾**岸に **リアス海岸** が連なる。**原子力発電所**が集中。
- **鯖江市**で **眼鏡フレーム** の生産がさかん。

□□ 第56位

福島県

- **福島盆地**で，**もも**，**りんご**の栽培がさかん。
- **会津塗** は**伝統的工芸品**に指定。
- **東日本大震災** で，**福島第一原子力発電所**の事故が発生。

□□ 第57位

三重県

- **四日市市**で **石油化学コンビナート** が発達。
- **紀伊山地** は日本有数の多雨地帯。

PLUS 1 よく出る住居の写真をチェック！

地理でよく問われる特徴的な住居の写真を押さえよう。記述問題として出題されることも多いので，理由もあわせて答えられるようにしておこう。

高床の家（熱帯）

（ピクスタ）

熱帯では，**家の中に 熱 や 湿気 がこもるのを防ぐ**ため，高床の家が見られる。

高床の集合住宅（冷帯）

（ピクスタ）

シベリアでは，**建物から出る熱が 永久凍土 をとかし，建物が傾いてしまうのを防ぐ**ため，高床の建物が見られる。

日干しれんがでつくられた家（乾燥帯）

（ピクスタ）

砂漠地域では，**森林が育たず 木材 を得にくい**ため，土をこねてつくった日干しれんがの家が見られる。

窓が小さく壁が白い家（温帯）

（ピクスタ）

スペインでは，**夏の強い 日差し をさえぎる**ために窓が小さく，**日差し をはねかえす**ために壁を白く塗った家が見られる。

歴史

1 古代までの日本

必ずおさえる！ 出るランク 

 第1位 口分田（くぶんでん）

- **班田収授法** に基づいて，戸籍に登録された**6歳以上のすべての人々**に与えられた農地。
- 与えられる口分田の面積は，性別や身分によって異なっていた。（身分：良民と奴婢（奴隷））
- 口分田を与えられた者は，税の一つである **租** を負担し，死ぬと**国に口分田を返した。**

	良民	奴婢
男子	2段	240歩 良民男子の$\frac{1}{3}$
女子	1段120歩 良民男子の$\frac{2}{3}$	160歩 良民女子の$\frac{1}{3}$

（1段＝360歩＝約1150m²）

▲性別・身分ごとの口分田のちがい

関連 → p.102 班田収授法

 第2位 租・調・庸（そ・ちょう・よう）

- **律令** 制度で人々が負担した税。
- **租**…**口分田** の面積に応じて負担。収穫量の約3％の **稲** を納めた。
- **調**…絹や糸，真綿，布，または塩や海産物などの地方の **特産物** 。人々は，都まで運んで納めた。
- **庸**…**労役**（年に10日間，都で働く）の代わりに**布**を納めた。

くわしく　調と庸は，成人男子が負担した。

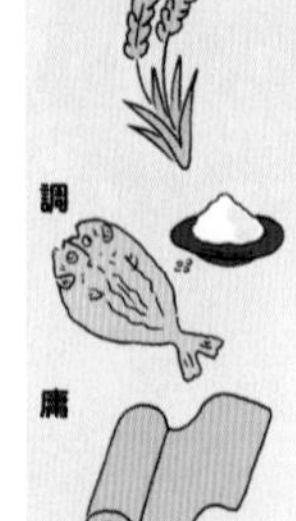

第3位 万葉集（まんようしゅう）

関連 → p.106 防人

- 奈良時代に，大伴家持がまとめたといわれる**最古の和歌集。**
- 天皇や貴族，防人（九州北部の防衛にあたった兵士），農民などの和歌，約4500首が収められている。

第4位 平等院鳳凰堂（びょうどういんほうおうどう）

関連 → p.109 浄土信仰

- 11世紀半ば，藤原頼通が宇治（京都府）につくらせた，**平安時代**を代表する阿弥陀堂。
- 浄土信仰の広まりを背景に，極楽浄土をこの世に表そうとした。

▲平等院鳳凰堂　（平等院）

暗記法　宇治に寄りみち（藤原頼通）　平等院（平等院鳳凰堂）

第5位 国風文化（こくふうぶんか）

- 平安時代の中ごろから栄えた，**日本の風土や生活に合った貴族の文化。藤原氏**の摂関政治のころに最も栄えた。
- 仮名文字を使い，紫式部は『源氏物語』，清少納言は『枕草子』を著した。

くわしく　「国風」とは，「唐風」に対する言葉で，「日本独自の」という意味。貴族たちは，唐風の文化を取り入れながら，日本風の文化を生み出した。

関連 → p.104 仮名文字，p.110 紫式部

第6位 摂関政治（せっかんせいじ）

- **平安時代**，**藤原氏**が **摂政** ・ **関白** の職を独占し，政治の実権を握って行った政治。
- 藤原氏は，自分の娘を天皇の后にし，生まれた子どもを次の天皇に立てた。
- 11世紀前半，**藤原道長** と，その子の**頼通**のときに全盛期を迎えた。

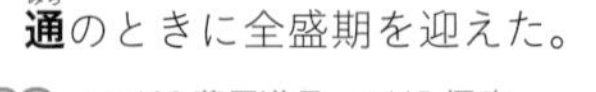

関連 → p.106 藤原道長，p.115 摂政

第7位 唐（とう）

- 7世紀前半，**隋** を滅ぼして，中国を統一した国（王朝）。都の**長安**（今の西安）は，国際都市。
- **律令** に基づく支配体制を整えて大帝国となった。
- 日本は，**遣唐使** を派遣し，制度や文化を学んだ。

関連 → p.107 遣唐使

第8位 法隆寺（ほうりゅうじ）

- 7世紀初め，**聖徳太子** **（厩戸皇子）**が建てた，**飛鳥** **文化**の代表的な寺院。**釈迦三尊像**，玉虫厨子などの多くの文化財がある。
- 現存する世界最古の木造建築物で，**世界文化遺産**に登録されている。

関連 → p.109 飛鳥文化，p.110 聖徳太子（厩戸皇子）

□□ 第9位 墾田永年私財法（こんでんえいねんしざいのほう）

▶ **口分田** の不足を補うために，743年に出された法令。
▶ 新たに開墾した土地は，税の **租** を納めることと引きかえに，**永久に私有地**にしてもよいことを認めた。
▶ 私有地は，のちに **荘園** と呼ばれるようになった。

> くわしく　723年に出された三世一身法は，一定期間の私有を認めたが，国に返す期限が近づくと耕すのをやめてしまうので，開墾が進まなかった。

□□ 第10位 聖武天皇（しょうむてんのう）

▶ **奈良** **時代**の天皇で，光明皇后とともに，**仏教の力で国を守ろう**として，国ごとに **国分寺** ・国分尼寺，都に **東大寺** を建立し，金銅の**大仏**を安置した。
▶ 聖武天皇のころに， **天平** **文化**が栄えた。

関連 →p.105 天平文化，p.111 東大寺

□□ 第11位 十七条の憲法（じゅうしちじょうのけんぽう）

▶ 604年に， **聖徳太子** **（厩戸皇子）** が制定したきまり。
▶ 仏教や儒学（儒教）の教えを取り入れて， **役人** の心構えを示した。

> 一に曰く，和をもって貴しとなし，さからう（争う）ことなきを宗と（第一に）せよ。

▲**十七条の憲法（一部要約）**

関連 →p.110 聖徳太子（厩戸皇子）

地理　**歴史**　公民

□□ 第12位 渡来人（とらいじん）

▶4世紀以降，朝鮮（ちょうせん）半島などから，日本列島に一族で移り住んだ人々。漢字，**儒学（儒教）**（じゅがく（じゅきょう）），**仏教**，養蚕（ようさん）や須恵器（すえき）をつくる技術など，大陸の優（すぐ）れた文化を日本に伝えた。

□□ 第13位 白村江の戦い（はくすきのえ/はくそんこうのたたかい）

▶663年，日本と唐（とう）・**新羅**（しらぎ（シルラ））の連合軍の戦い。
▶中大兄皇子（なかのおおえのおうじ）らは，百済（くだら／ペクチェ）の復興を助けるために朝鮮半島に大軍を送ったが大敗した。

□□ 第14位 班田収授法（はんでんしゅうじゅのほう）

▶律令（りつりょう）制度の基（もと）になった土地制度。
▶**戸籍**（こせき）に基づいて，6歳（さい）以上のすべての人々に口分田（くぶんでん）を与（あた）えた。

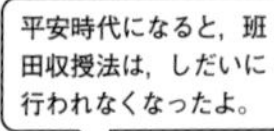

関連 → p.98 口分田，p.105 大宝律令

□□ 第15位 律令国家（りつりょうこっか）

▶律令（りつりょう）に基づいて政治が行われる国家。
▶日本では701年に大宝律令（たいほう）が制定され，中央集権のしくみが整う。

関連 → p.105 大宝律令

よく出る！ 出るランク 

□□ 第16位 天武天皇（てんむてんのう）

- 天智（中大兄皇子）天皇の弟で，あとつぎをめぐる 壬申の乱 に勝利して即位。
- 都を大津から飛鳥地方にもどし，天皇の地位を高めるために律令や歴史書をつくるよう命じた。
- 天武天皇の時代に，日本最初の銅銭である 富本銭 がつくられた。

□□ 第17位 国司（こくし）

- **律令制度**で， 国 ごとに置かれた役所（国府）の役人。
- 都から**貴族**が派遣され，地方の**豪族**が任命される 郡司 たちを指揮した。

平安時代になると，暴政を行う国司が増えて，地方の政治が乱れていったんだ。

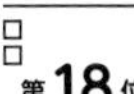 → p.105 大宝律令

□□ 第18位 鑑真（がんじん）

- **奈良時代**， 唐 から来日した僧。
- 何度も遭難して盲目となりながらも，**遣唐使**にともなわれて来日を果たした。
- 日本に正式な仏教の教え（戒律）を伝え，奈良に 唐招提寺 を建てた。

関連 → p.107 遣唐使

第19位 仮名文字（かなもじ）

▶ **9世紀**につくられた，漢字を変形して，日本語の発音を表した，**平仮名**と**片仮名**などの文字。

▶『源氏物語』などの，女性による文学作品が生まれた。
└紫式部が著す

関連 → p.99 国風文化，p.110 紫式部

第20位 邪馬台国（やまたいこく）

▶ 3世紀ごろ，女王卑弥呼が治めた国。
▶ 中国の歴史書の「魏志」**倭人伝**に様子が記されている。

関連 → p.112 卑弥呼

第21位 平城京（へいじょうきょう/へいぜいきょう）

▶ 710年に，**唐**の都の長安を手本にして，奈良につくられた都。
▶ 東西の市では，和同開珎という貨幣が使われた。

第22位 桓武天皇（かんむてんのう）

▶ 平城京から，784年に長岡京，794年に平安京に都を移した天皇。
▶ 東北地方の蝦夷を従わせるため，**坂上田村麻呂**を征夷大将軍に任命して，大軍を送った。

第23位 高床倉庫（たかゆかそうこ）

- 弥生時代，稲の穂など，収穫したものを蓄えた倉庫。
- 湿気やねずみによる害を防ぐために，床を高くして建てられた。

第24位 天平文化（てんぴょうぶんか）

- 奈良時代，聖武天皇のころの天平年間に栄えた，唐の文化の影響を受けた国際色豊かな文化。

第25位 大宝律令（たいほうりつりょう）

- 701年，唐の律令にならって制定された法律。
- **律**は刑罰のきまり，**令**は政治を行ううえでのさまざまなきまり。

第26位 銅鐸（どうたく）

- **弥生時代**につくられた青銅器。
- つりがねを平たくしたような形をしている。
- 主に祭りの道具として使われた。

くわしく　表面には，さまざまな文様のほか，稲作の様子や高床倉庫など，当時の人々の生活を描いた絵が刻まれた。

(ColBase)

第27位 藤原道長（ふじわらのみちなが）

▶ 平安 時代の貴族。4人の娘を天皇の后にして，子の**藤原頼通**と 摂関政治 の全盛期を築いた。

この世をば
わが世とぞ思う
望月の　欠けたることも
無しと思えば

▲藤原道長がよんだ歌

関連 →p.100 摂関政治

第28位 防人（さきもり）

▶ 九州 北部の防衛のために派遣された兵士。（主に東国の兵士が選ばれた）
▶ 防人のつらさをよんだ歌が，「 万葉集 」に収められている。

関連 →p.99 万葉集

第29位 冠位十二階（かんいじゅうにかい）

▶ 7世紀初め， 聖徳太子 **（厩戸皇子）** が定めた役人の位の制度。
▶ **家柄**に関係なく，才能や**功績**のある人を役人に登用した。

関連 →p.101 十七条の憲法

第30位 弥生時代（やよいじだい）

▶ 紀元前4世紀から紀元3世紀ごろまでの時代。
▶ 稲作 が広まり，青銅器や鉄器， 弥生 **土器**などが使用された。

関連 →p.104 邪馬台国，p.105 高床倉庫，p.105 銅鐸

差がつく！ 出るランク C

□□ 第31位

百済（くだら／ペクチェ）

関連 → p.102 白村江の戦い

- 4〜7世紀，朝鮮半島南西部の国。
- 6世紀，日本に**仏教**を伝えた。
- 660年，**唐・新羅**に攻められて滅ぶ。
- 日本は，百済の復興を助けるために，唐・新羅の連合軍と戦った（**白村江の戦い**）。

▲7世紀半ばの東アジア

□□ 第32位

メソポタミア文明

- 紀元前3000年ごろ，**チグリス**川と**ユーフラテス川**流域でおこった古代文明。
- **くさび形文字**や**太陰暦**が使われた。
- 紀元前18世紀ごろ，ハンムラビ王が**ハンムラビ法典**をつくった。

□□ 第33位

古事記

- 天武天皇の命令で編さんが進められ，712年に完成した**歴史書**。

□□ 第34位

遣唐使

関連 → p.103 鑑真，p.110 遣隋使

- 7世紀から9世紀末にかけて，**唐**の進んだ文化や政治制度を学ぶために派遣された使節。
- **894年**，**菅原道真**の提案により，派遣が停止された。

第35位

正倉院

関連 → p.101 聖武天皇, p.111 東大寺

- 東大寺にある校倉造の宝物庫。
- 聖武天皇が使用したものや, 遣唐使が持ち帰ったものが納められた。
- 五絃琵琶, 瑠璃坏など。

第36位

大宰府

- 律令制度で, 九州北部（今の福岡県）に置かれた役所。
- 九州地方の政治, 外交・防衛にあたった。

第37位

古墳（前方後円墳）

関連 → p.112 大仙古墳（仁徳陵古墳）

- 3世紀後半から6世紀末につくられた, 王や豪族たちの墓。
- 前方後円墳, 円墳, 方墳。（前が四角形, 後ろが円形の古墳）
- 埴輪が並べられた。

(ColBase)
▲埴輪

第38位

中尊寺金色堂

関連 → p109 浄土信仰

- 12世紀初めに, 奥州藤原氏が平泉（岩手県）に建立した阿弥陀堂。
- 建物や仏像には, 金箔がはられるなど, 極楽浄土へのあこがれがみられる。

第39位

空海

- 平安時代の初めに, 唐にわたって仏教を学び, 真言宗を始めた僧。
- 高野山（和歌山県）に金剛峯寺を建てた。

第40位
小野妹子
関連 →p.110 遣隋使

- 607年，**遣隋使**として隋に派遣された。
- **聖徳太子**（**厩戸皇子**）の国書を，隋の皇帝にわたした。

第41位
飛鳥文化
関連 →p.100 法隆寺

- 7世紀初め，**飛鳥地方**（奈良盆地南部）で栄えた日本最初の**仏教**文化。
- **法隆**寺の**釈迦三尊像**，玉虫厨子など。
- 南北朝時代の中国，インド，西アジアの文化の影響がみられる。

第42位
土偶

- **縄文**時代につくられた土製の人形。
- 魔よけや，食物の豊かな実りを祈るためなどに使われた。

(ColBase)

第43位
浄土信仰
関連 →p.99 平等院鳳凰堂

- **念仏**を唱えて，阿弥陀如来にすがり，死後に**極楽浄土**へ生まれ変わることを願う信仰。
- 10世紀半ばに都（平安京）でおこり，11世紀には地方にも広まった。
- **平等院鳳凰堂**や，**中尊寺金色堂**は，代表的な阿弥陀堂。

□□ 第44位

聖徳太子（厩戸皇子）

関連 → p.100 法隆寺, p.101 十七条の憲法, p.106 冠位十二階, p.109 小野妹子

- 6世紀末，女性の 推古 天皇の政務に参加し， 蘇我馬子 と協力して，**大王（天皇）**中心の政治のしくみを整えようとした。（└聖徳太子のおば）
- **厩戸皇子**とも呼ばれる。
- 冠位十二階 の制度や，**十七条の憲法**を定め，**遣隋使**を派遣した。
- 仏教をあつく信仰し， 法隆寺 を建てた。

□□ 第45位

遣隋使

関連 → p.109 小野妹子, p.115 隋

- 聖徳太子 **（厩戸皇子）**が， 隋 の進んだ制度や文化を取り入れるために送った使節。
- 607年に 小野妹子 が派遣された。
- 使節には，多くの留学生や僧が同行した。

□□ 第46位

菅原道真

関連 → p.107 遣唐使

- **平安時代**の学者・政治家。
- **894年**，唐の衰えと航海の危険から， 遣唐使 **の派遣の延期**（停止）を朝廷に進言して，認められた。
- のちに**藤原氏**によって，**大宰府**へ追放された。

□□ 第47位

紫式部

関連 → p.99 国風文化, p.104 仮名文字

- 藤原道長の娘で，一条天皇の后になった彰子に仕えた文学者。
- 仮名文字 を使って，『 源氏物語 』を著した。

□□ 第48位 **金印**	▶ 江戸時代，今の福岡県の**志賀島**で発見された印。 ▶ 1世紀半ば，**奴国**の王が，**後漢の皇帝**から授けられたものと考えられている。 ▶「**漢委(倭)奴国王**」と刻まれている。
□□ 第49位 **新羅** 関連 → p.107 百済	▶ 朝鮮半島南東部の国で，7世紀に，**唐**と連合して，**百済**と**高句麗**を滅ぼした。 ▶ 676年，朝鮮半島を統一する。 ▶ 10世紀に**高麗**に滅ぼされた。
□□ 第50位 **東大寺** 関連 → p.101 聖武天皇	▶ **奈良時代**，**聖武天皇**が奈良に建てた寺院。 ▶ **大仏**づくりは，**行基**などの協力を得て進められ，752年に開眼式が行われた。
□□ 第51位 **風土記**	▶ **奈良時代**につくられた**地理**書。 ▶ 朝廷が命じて，各地の風土・伝説・産物などを，国ごとにまとめさせた。

▲金印

(福岡市博物館所蔵)

(画像提供：福岡市博物館 /DNPartcom)

▲東大寺の大仏 (文化庁)

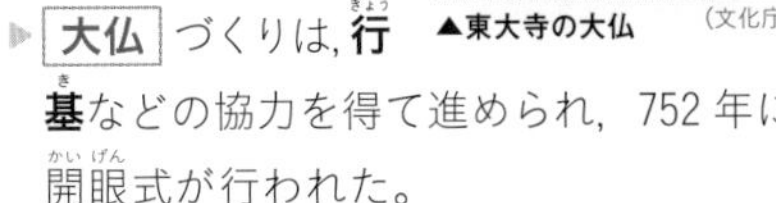

第52位

蝦夷（えみし）

▶ 東北地方に住んでいた，朝廷（ちょうてい）の支配に従（したが）わなかった人々。

▶ 801年，征夷大将軍（せいいたいしょうぐん）の坂上田村麻呂（さかのうえのたむらまろ）の攻撃で指導者のアテルイは降伏（こうふく）したが，蝦夷の抵抗（ていこう）は続いた。

└桓武天皇が任命

第53位

高句麗（こうくり／コグリョ）

▶ 朝鮮（ちょうせん）半島北部の国。

▶ 好太王（こうたいおう）（広開土王（こうかいどおう））の碑（ひ）には，王が倭（わ）と戦ったことが記されている。

▶ 7世紀後半，唐（とう）・新羅（しらぎ／シルラ）の連合軍に攻められて滅（ほろ）んだ。

第54位

大仙古墳（だいせんこふん）（仁徳陵古墳（にんとくりょうこふん））

関連 → p.108 古墳（前方後円墳）

▶ 大阪府堺市（さかいし）にある，5世紀につくられた前方後円墳（ぜんぽうこうえんふん）で，世界最大級の墓（はか）。

▶ 世界文化遺産に登録。

└百舌鳥・古市古墳群の構成資産の一つ

(Gakken資料課)

▲大仙古墳

第55位

卑弥呼（ひみこ）

関連 → p.104 邪馬台国

▶ 3世紀にあった邪馬台国（やまたいこく）の女王。

▶ 30ほどの国を従え，まじないなどで政治を行ったことが，中国の歴史書の「魏志（ぎし）」倭人伝（わじんでん）に記されている。

▶ 239年，魏に使者を送り，「親魏倭王（しんぎわおう）」の称号や金印，銅鏡（どうきょう）などを授（さず）けられた。

第56位
平安京
関連 → p.104 桓武天皇

▶ 794年に，京都につくられた都。
▶ 桓武天皇が，律令政治の立て直しを図り，ここに都を移した。

第57位
旧石器時代

▶ 1万年ほど前まで続いた，打製石器を使い，狩猟や採集の生活をしていた時代。

第58位
大化の改新
関連 → p.115 中大兄皇子

▶ 645年，中大兄皇子と中臣鎌足（のちの藤原鎌足）らが，蘇我氏をたおして始めた政治改革。
▶ 日本で初めての元号（年号）とされる，「大化」が定められた。
▶ 土地と人民を公地・公民として，国が直接支配する方針を示した。

暗記法　蘇我虫殺す（64 5）　大化の改新

第59位
奈良時代

▶ 奈良に平城京がつくられた710年から，京都の平安京に都が移される794年までの時代。

第60位
最澄
関連 → p.114 真言宗

▶ 平安時代の初めに，唐にわたって仏教を学び，天台宗を始めた僧。
▶ 比叡山（滋賀県・京都府）に延暦寺を建てた。

第61位
甲骨文字

関連 → p.115 殷

- 中国の **殷** で使われた文字。
- 占いに使われた亀の甲や牛・鹿の骨に刻まれた。
- 現在の **漢字** の基になった。

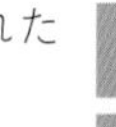

▲甲骨文字

第62位
たて穴住居

- **縄文** **時代**から**奈良時代**ごろにかけて使われていた住居。
- 地面を掘り下げて柱を立て，その上に草や木の枝で屋根をふいてつくった。

第63位
荘園

関連 → p.101 墾田永年私財法

- 有力な貴族や寺院などの **私有地** 。
- 743年の **墾田永年私財法** によって，新たに開墾した**土地の永久私有**が認められると，貴族や寺院が私有地を広げていった。

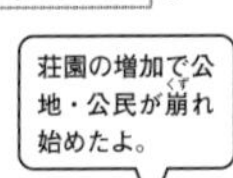

第64位
真言宗

関連 → p.108 空海

- **空海** が**唐**から伝えた仏教の新しい教え。
- **高野山**（和歌山県）の **金剛峯寺** などの山奥の寺で，学問や厳しい修行を行うことを重視した。

暗記法 **遠慮の天才　真空で無事**
延暦寺　天台宗　最澄　真言宗　空海　金剛峯寺

第65位
殷(いん)
関連 →p.114 甲骨文字

- 紀元前16世紀ごろ，中国の **黄河**(こうが／ホワンホー) 流域でおこった国（王朝）。
- **青銅器**や **甲骨文字** などが使われていた。

第66位
摂政(せっしょう)
関連 →p.100 摂関政治

- 幼い **天皇** にかわって政治を行う役職。
- 10世紀から11世紀にかけて，**藤原**(ふじわら)**氏**が独占して，**摂関政治**(せっかん) を行った。

第67位
中大兄皇子(なかのおおえのおうじ)
関連 →p.113 大化の改新

- **中臣鎌足**(なかとみのかまたり)（のちの藤原鎌足）らと蘇我蝦夷(そがのえみし)・入鹿(いるか)の親子を滅(ほろ)ぼして，**大化の改新**(たいかのかいしん) を始めた。
- 663年の**白村江の戦い**(はくすきのえ／はくそんこう)で敗れたあと，**大津**(おおつ)（滋賀県）に都を移した。
- **天智**(てんじ) **天皇**となり，**戸籍**(こせき)をつくった。

第68位
隋(ずい)
関連 →p.110 遣隋使

- 589年に中国を統一した国（王朝）。
- **律令**(りつりょう) という法律を整え，人々を**戸籍**に登録した。
- 日本は，**遣隋使**(けんずいし) を派遣。

▶大王の名を刻んだ鉄剣

（所有：文化庁／写真提供：埼玉県立さきたま史跡の博物館）

第69位
大王(おおきみ／だいおう)

- **古墳**(こふん)**時代**の **大和政権**(やまと)（ヤマト王権） の王の呼び名。
- **ワカタケル** **大王** の名を刻(きざ)んだ鉄剣(てっけん)や鉄刀が，各地で出土している。
- 7世紀には**天皇**と呼ばれるようになった。

2 中世の日本

必ずおさえる! 出るランク 

第1位 日明貿易(勘合貿易)

(にちみんぼうえき〈かんごうぼうえき〉)

- 15世紀初め, **足利義満**(あしかがよしみつ) が始めた**明**(みん)との貿易。
- **室町幕府**(むろまちばくふ)は, 明の求めで **倭寇**(わこう) を禁止する一方, 正式な貿易船に **勘合**(かんごう) という証明書を持たせ, **朝貢**(ちょうこう) の形で貿易を開始した。
- 日本の輸入品… **銅銭**(どうせん), 生糸(きいと), 絹織物など。
- 日本の輸出品…刀剣(とうけん), 銅, 硫黄(いおう), 漆器(しっき)など。

▲勘合

くわしく 朝貢とは, 中国の皇帝に周辺国の王が使者を送って貢(みつ)ぎ物をわたし, 忠誠を誓(ちか)うこと。義満は明から「日本国王」と認められ, 貿易を始めた。

関連 →p.123 倭寇, p.127 足利義満

第2位 (永仁の)徳政令(〈えいにんの〉とくせいれい)

- **元寇**(げんこう)後の1297年, 生活苦の **御家人**(ごけにん) を救うために出された。
- **借金** を取り消し, 手放した**土地をただで取り返させた**が効果は一時的で, 御家人の **鎌倉**(かまくら) **幕府**への反感が高まった。

暗記法 **皮肉な徳政 経済混乱**
1 29 7 永仁の徳政令

> 領地の質(しち)入れや売買は, 御家人の生活が苦しくなるもとなので, 今後は禁止する。
> …御家人以外の武士や庶(しょ)民(みん)が御家人から買った土地については, 売買後の年数に関わりなく, 返さなければならない。

▲永仁の徳政令

第3位 承久の乱(じょうきゅうのらん)

- 1221年，後鳥羽上皇が，**鎌倉幕府**に対して起こした戦い。敗れた上皇は，**隠岐**に流された。
- **源頼朝**の妻 北条政子 は，頼朝の**御恩**を説いて，御家人を団結させた。
- 承久の乱後，幕府は**京都**に 六波羅探題 を設置して，朝廷を監視した。

関連 →p.118 御恩と奉公，p.121 六波羅探題

第4位 御成敗式目(貞永式目)(ごせいばいしきもく〈じょうえいしきもく〉)

- 1232年，鎌倉 **幕府**の第3代**執権**である 北条泰時 が制定。
- 御家人に 裁判 の基準を示した。
- 最初の武家法で，その後の武家法の手本となった。

> 一　諸国の守護の職務は，頼朝公の時代に定められたように，京都の御所の警備と，謀反や殺人などの犯罪人の取りしまりに限る。

▲御成敗式目（一部要約）

第5位 分国法(戦国家法)(ぶんこくほう〈せんごくかほう〉)

- **応仁の乱**後の**戦国時代**，下剋上 の風潮が広がる中，各地で登場した 戦国 **大名**が，領国支配のために，独自に定めた法令。

> 一　許可を得ないで他国へおくり物や手紙を送ることは一切禁止する。
> （甲州法度之次第）

▲武田氏の分国法の一部

第6位 惣（惣村）（そう〈そうそん〉）

- 室町時代，有力な 農民 を中心に，村につくられた自治組織。
- 寄合 と呼ばれる会合を開き，農業用水路の建設や管理，かんがい用水の使い方，村のおきてなどを決めた。

一　寄合があることを知らせて，二度出席しなかった者は五十文のばつを与える。　（今堀日吉神社文書）

▲村のおきて（一部要約）

注意　室町時代に民衆の間で発達した組織として，惣（惣村）と座がある。惣（惣村）は農民たちの組織で，座は商工業者の同業者組合である。

第7位 日宋貿易（にっそうぼうえき）

- 10世紀に中国を統一した 宋 との貿易。12世紀後半， 平清盛 は，貿易の利益に目をつけ，航路や**兵庫の港（大輪田泊）**を整備した。
  └銅銭（宋銭）が大量に輸入された

関連 → p.122 平清盛

第8位 御恩と奉公（ごおんとほうこう）

- **鎌倉幕府**の将軍と 御家人 の主従関係。
- 御恩 とは，将軍が御家人の領地を保護したり，新しい領地を与えること。また，**守護**や**地頭**に任命すること。
- 奉公 とは，御家人が将軍に忠誠を誓い，戦いのときは命がけで戦いに参加すること。
  └「いざ鎌倉」

□□ 第9位 応仁の乱（おうにんのらん）

- **室町幕府**第8代将軍 **足利義政** のあとつぎ問題をめぐり，有力な **守護** **大名**が対立して，1467年に起こった戦乱。
- 戦乱は **京都** を中心に，11年間続き，全国に広がった。
- 戦乱後，家来が主人に打ち勝って，その地位を奪う **下剋上** が広がった。
- 以後の約100年間は，各地で**戦国大名**（甲斐の武田信玄，駿河の今川義元など）が活躍する **戦国** **時代**となった。

▲応仁の乱開戦時での対立の様子

人の世むなしい（1467） 応仁の乱

□□ 第10位 建武の新政（けんむのしんせい）

- 1333年に **鎌倉** **幕府**を倒した **後醍醐** **天皇**が，1334年に元号を建武と改めて始めた政治。
- 公家重視の政治のため，武士の不満が高まった。
- **足利尊氏** が，武士政治の復活を目指して兵を挙げると，新政は2年ほどで失敗した。

此比都ニハヤル物
夜討強盗謀綸旨
召人早馬虚騒動

このごろ都ではやっているものは，夜襲，強盗，天皇のにせの命令。囚人，急使を乗せた早馬，たいしたこともないのに起こる騒動。

▲二条河原落書（一部）

関連 → p.127 後醍醐天皇

第11位 地頭（じとう）

▶ 1185年，**源頼朝**が，朝廷に 守護（国ごとに軍事・警察） と**地頭**の設置を認めさせた。

▶ 地頭は 荘園 や**公領**（国司が支配する土地）に置かれ，土地の管理や**年貢**の取り立てにあたった。

▶ 鎌倉時代の農民は，荘園領主と地頭からの二重支配を受けた。

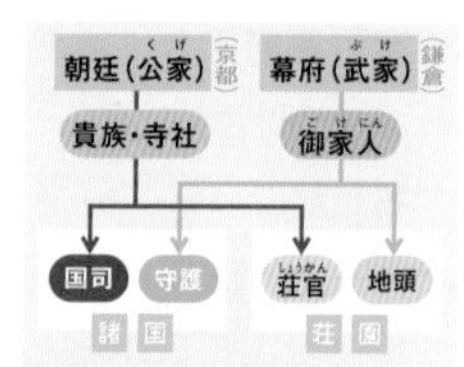

▲朝廷と鎌倉幕府の二重支配

第12位 元寇（蒙古襲来）（げんこう〈もうこしゅうらい〉）

▶ 13世紀， 元 の皇帝 フビライ＝ハン が，日本に服属を要求したが，**執権**の 北条時宗 がこれを無視。

▶ 元は**高麗**（コリョ）の軍勢も合わせて襲来した⇨ 文永 **の役**・**弘安の役**。

(ColBase)
▲元軍との戦いの様子

▶ 元寇後，鎌倉幕府は財政難となり，御家人は十分な 恩賞 が得られず，幕府への不満が高まった。

第13位 琉球王国（りゅうきゅうおうこく）

▶ 15世紀，**尚氏**が 沖縄 島を統一して建てた王国。都は**首里**（今の那覇市）。

▶ 日本や中国（朝貢貿易），朝鮮半島，東南アジアとの 中継 **貿易**で栄えた。

関連 → p.123 中継貿易

よく出る! 出るランク B

第14位 北条時宗(ほうじょうときむね)

- **鎌倉幕府**の第８代 **執権** 。
- **元** が襲来したとき，御家人を指揮(しき)して元軍を退(しりぞ)けた。

関連 → p.120 元寇（蒙古襲来），p.125 執権

第15位 金剛力士像(こんごうりきしぞう)

- 寺院の門などに置かれている一対(いっつい)の仏像。
- **鎌倉時代**の代表的な金剛力士像は，奈良の **東大寺南大門**(とうだいじなんだいもん) に安置されている **運慶**(うんけい)・**快慶**(かいけい)らがつくった仏像。
- 武士の気風(きふう)を反映した，力強く写実的な彫刻(ちょうこく)で，文化の担(にな)い手が，武士にも広がった **鎌倉** **文化**の特色を表している。

（東大寺／撮影：飛鳥園）

▲東大寺南大門の金剛力士像

関連 → p.128 東大寺南大門

第16位 六波羅探題(ろくはらたんだい)

- 1221 年の **承久**(じょうきゅう) **の乱**後，**鎌倉幕府**が **京都** に設置した機関。
- **朝廷**(ちょうてい) の監視(かんし)，京都の警備(けいび)，西国の武士の統制などにあたった。

関連 → p.117 承久の乱

□□ 第17位 分割相続（ぶんかつそうぞく）

- **鎌倉時代**，武士の一族は，親が亡くなると，あとつぎと，あとつぎ以外が **領地** **を分割して相続する**方法をとっていた。
  （あとつぎ └惣領(そうりょう)）（あとつぎ以外 └女子も相続した）
- 分割相続を繰り返すことで次第に領地が減り，生活が苦しくなる **御家人** が増えていった。

もとの領地　子の代の領地　孫の代の領地
親 →相続→ 子1　子2　子3　子4 →相続→ 子1の子　子1の子　子1の子

▲分割相続の流れ

関連 →p.116（永仁の）徳政令

□□ 第18位 二毛作（にもうさく）

- 同じ耕地で1年間に **2** 回，別の種類の作物を育てる農業のこと。
- **鎌倉時代**，西日本を中心に米と **麦** を交互につくるようになり，**室町時代**には全国に普及した。

□□ 第19位 平清盛（たいらのきよもり）

- 12世紀，**保元** **の乱**，**平治の乱**で活躍した。
- 武士として初めて **太政大臣** となった。
- **娘を天皇の后**にして権力を強め，朝廷の政治の実権を握った。
- 兵庫の港を整備し，**日宋** **貿易**を進めた。
  （兵庫の港 └大輪田泊）

関連 →p.118 日宋貿易

□□ 第20位 倭寇（わこう）

▶ 13世紀末から16世紀にかけて，朝鮮半島や中国の沿岸で，海賊行為をはたらいた集団。

▶ 明 は，倭寇をおさえるため，**朝貢**による交易のみを許可し，日本とは**日明貿易（ 勘合 貿易）**を行った。

関連 →p.116 日明貿易（勘合貿易）

□□ 第21位 座（ざ）

▶ 鎌倉時代から室町時代にかけての商工業者などの**同業者組合**。

▶ 貴族や寺社に 税 を納めて保護を受け，**営業を 独占 する権利**を認められた。

□□ 第22位 中継貿易（なかつぎぼうえき）

▶ ほかの国から輸入した産物を，そのまま別の国へ輸出して利益を得る貿易の形。

▶ 琉球王国 は，中国と**朝貢貿易**を行いつつ，日本，朝鮮半島，東南アジアとの貿易を積極的に行って栄えた。

関連 →p.120 琉球王国

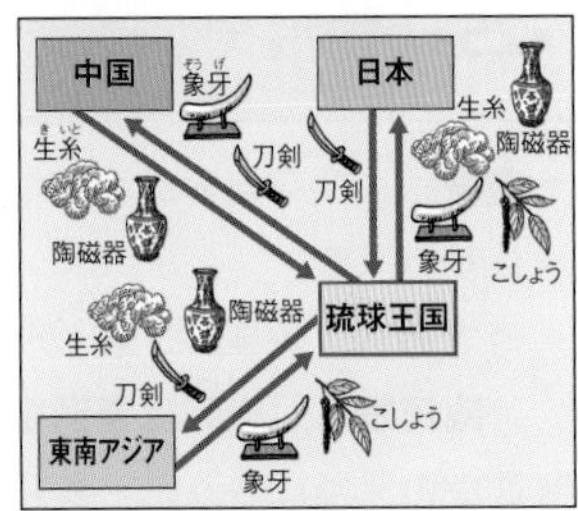

▲琉球王国の中継貿易

第23位 土一揆（つちいっき／どいっき）

- 室町時代，団結した民衆が起こした一揆。
- 荘園領主や**守護大名**に抵抗し，年貢を減らすことを求めたり，**土倉**や**酒屋**を襲って，**借金**の**帳消し**を求めたりした。
- 1428年，近江の**馬借**を中心に，京都周辺の農民が**正長**の**土一揆**を起こした。

関連 →p.127 馬借

正長元年ヨリ
サキ者、カンへ四カン
カウニヲキメアル
ヘカラス

▲正長の土一揆の碑文
…1428年以前の借金は帳消しにすると書かれている。

第24位 中世（ちゅうせい）

- 貴族にかわって**武士**が政治を行うようになった時代。
- 日本の歴史では，平安時代後期から，**鎌倉** **時代**，南北朝時代，**室町**時代，戦国時代ごろまでを指す。

第25位 禅宗（ぜんしゅう）

- **座禅**により，自分の力で悟りを開こうとする仏教の宗派。
- 鎌倉時代，中国の**宋**から伝わり，**栄西**は**臨済宗**を，道元は**曹洞宗**を開いた。
- 武士の気風に合うことから，鎌倉時代や室町時代に幕府の保護を受けた。

栄西は，宋から茶を飲む習慣を，日本に広めたよ。室町時代には，茶の湯として流行したよ。

差がつく! 出るランク 

□□ 第26位

フビライ＝ハン

関連 →p.120 元寇（蒙古襲来）

- モンゴル帝国の初代皇帝 **チンギス＝ハン** の孫で，第5代皇帝。
- 1271年，国号を **元** とし，1279年に**宋**（南宋）を滅ぼして中国を統一。
- 1274・1281年に日本に襲来（ **元寇** ）。
- イタリア人の**マルコ＝ポーロ**が仕える。
  └「世界の記述（東方見聞録）」の著者

□□ 第27位

執権

関連 →p.121 北条時宗，p.126 北条泰時

- **鎌倉幕府**の **将軍** を補佐する役職。
- 源頼朝の死後，**北条政子**の父時政が，政治の実権を握り，初代執権となった。
- 以後，代々， **北条** 氏がその地位を独占し， **執権** **政治**を行った。

□□ 第28位

定期市

- 寺社の門前や交通の要所で，毎月決まった日に開かれた市。
- 取り引きには，**宋**や**明**から輸入された **銭** が使用された。
  └宋銭，明銭

□□ 第29位

町衆

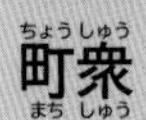

まちしゅう

- 室町時代から安土桃山時代にかけて，都市の自治を行った**裕福な** **商工業者** 。
- **応仁** **の乱**で一度とだえていた**祇園祭**は， **京都** の町衆の力で復興した。

地理
歴史
公民

□□ 第30位

北条泰時

関連 →p.117 御成敗式目（貞永式目），p.125 執権

▶ 1221年の **承久** の乱で朝廷の軍を破り，乱後は初代の**六波羅探題**となった。
▶ 1224年に**鎌倉幕府**の第3代 **執権** となり，1232年に，最初の武家法である **御成敗式目** **（貞永式目）**を定めた。

□□ 第31位

管領

▶ **室町** **幕府**で将軍を補佐する役職。
▶ 細川氏などの有力な **守護** **大名**が，交代で任じられた。

鎌倉時代の将軍の補佐役は，執権だったね。

□□ 第32位

書院造

関連 →p.129 銀閣

▶ **室町時代**に始まった建築様式。
▶ **禅宗** 寺院の建築様式を武家の住宅に取り入れ，**床の間**や違い棚などが設けられている。
▶ 代表的な書院造として， **銀閣** と同じ敷地にある東求堂同仁斎がある。

▲書院造（東求堂同仁斎）
（絵・ゼンジ）

□□ 第33位

栄西

関連 →p.124 禅宗

▶ 中国の**宋**にわたって**禅宗**を学び，鎌倉時代に座禅により，自分の力で悟りを開こうとする **臨済** **宗**を開いた。

第34位 馬借

- 室町時代，**馬** を使って，主に年貢米などの物資を運んだ**陸上運送業者**。
- **正長の** **土一揆** の中心となった。
  └1428 年，近江国（滋賀県）の馬借が起こした

第35位 後醍醐天皇

関連 → p.119 建武の新政

- **足利尊氏** や楠木正成などを味方につけて，**鎌倉幕府**を倒した。
- **建武の新政** を始めたが，2 年ほどで失敗した。
- 京都の**北朝**と対立して，**吉野**（奈良県）に**南朝**を開いた。

南北朝時代の始まりか…。

第36位 狂言

- 室町時代に大成された **能（能楽）** の合間に演じられた，民衆の生活を題材にした，こっけいな演劇。

第37位 足利義満

関連 → p.116 日明貿易（勘合貿易），p.129 金閣

- **室町幕府**第 3 代将軍。
- 1392 年，**南北朝** を統一した。
- **倭寇**を禁止し，明との間で，朝貢の形の**日明貿易（勘合貿易）**を開始した。
- 京都の北山の別荘に **金閣** を建てた。

（絵・綿引康裕）

第38位

石見銀山

- 石見国（ 島根 県）にあった銀山。
- **戦国時代**に中国地方の**戦国大名**たちが獲得しようと争った。
- 産出された銀は， 中国 へ輸出された。

第39位

能（能楽）

関連 → p.127 狂言

- 猿楽や田楽から発達した演劇で，室町時代に，**観阿弥**・ 世阿弥 の親子によって大成された。

第40位

東大寺南大門

関連 → p.121 金剛力士像

- **源平の争乱**で焼失し，鎌倉時代に 宋 の建築様式を取り入れて，再建された。
- 門の左右には，**運慶**・**快慶**らがつくった一対の 金剛力士像 がある。

（東大寺／撮影：飛鳥園）

第41位

下剋上

関連 → p.119 応仁の乱

- 下の身分の者が上の身分の者に実力で打ち勝ち，地位を奪う風潮。
- 応仁 **の乱**のころから，この状況が広がり，各地に 戦国 **大名**が登場した。

第42位

一遍

▶ 鎌倉時代，［時］**宗**を開いた僧。

▶ おどりながら［念仏］を唱えたり，念仏を書いた札を配ったりして教えを広めた。

第43位

銀閣

関連 → p.126 書院造

▶ **室町幕府**の第 8 代将軍［足利義政］が，京都の**東山**に建てた別荘。

(絵・卯月)

▶ 銀閣と同じ敷地には，［書院造］を取り入れた東求堂同仁斎がある。

第44位

金閣

関連 → p.127 足利義満

▶ **室町幕府**の第 3 代将軍［足利義満］が，京都の**北山**に建てた。

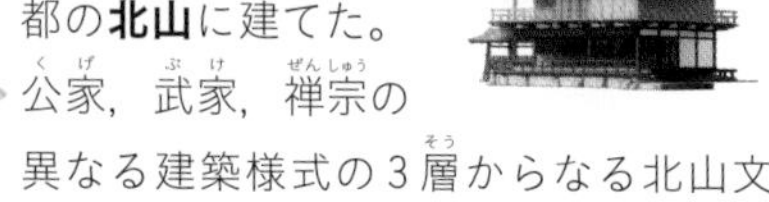

(絵・実田くら)

▶ 公家，武家，禅宗の異なる建築様式の 3 層からなる北山文化を代表する建築物。

第45位

院政

▶ 位を譲った天皇が，［上皇］となったあとも，摂政や関白の力をおさえて，実権を握って行った政治。

▶ 1086 年，［白河］**天皇**が幼い子に位を譲り，上皇となって始めた。

3 近世の日本

必ずおさえる! 出るランク 

第1位 武家諸法度(ぶけしょはっと)

- 江戸幕府が制定した，大名を統制するためのきまり。
- 城の新築や許可のない修理，無断で縁組みすることなどを禁止し，違反すると厳しく罰せられた。
- 1635年，第3代将軍徳川家光のときに，参勤交代が制度化された。

一　諸国の城は，修理であっても，必ず幕府に申し出ること。新しい城をつくることは厳しく禁止する。
一　幕府の許可なく勝手に結婚をしてはならない。
一　大名は領地と江戸に交代で住み，毎年四月中に参勤せよ。

▲武家諸法度の一部…1615年に最初に出され，以後，将軍が代わるごとに出された。

関連 → p.134 徳川家光

第2位 参勤交代(さんきんこうたい)

- 原則，大名を1年おきに江戸と領地を往復させた制度。（大名の妻子は，江戸に住まわせた）
- 大名が江戸に来て，将軍にあいさつをするという，**幕府と藩の主従関係**を確認する意味があった。
- 1635年に第3代将軍**徳川家光**が，武家諸法度に追加し制度化。
- 参勤交代などのため，**東海道**（江戸と京都・大阪を結ぶ）や**中山道**などの五街道が整備された。

(石川県立歴史博物館蔵)
▲大名行列

第3位 株仲間（かぶなかま）

- **江戸時代**，**三都**（江戸・大阪・京都）や城下町で，商工業者がつくった同業者組合。
- 幕府や藩に［税］を納めるかわりに，営業を［独占］する権利が認められた。
- 18世紀後半，［田沼意次］は，商工業を発展させるため，**株仲間の結成を奨励**。
- ［天保］**の改革**を行った［水野忠邦］は，物価上昇をおさえるため，**株仲間を解散させた**。

▲田沼意次の政策での幕府と株仲間

注意：鎌倉時代・室町時代につくられた商工業者の同業者組合である，座と間違えないようにする。

関連 → p.133 田沼意次，p.145 天保の改革

第4位 化政文化（かせいぶんか）

- 19世紀前半の**文化・文政**年間，［江戸］を中心に栄えた町人文化。
- 文学…世相を皮肉った**川柳・狂歌**が流行。［十返舎一九］の「東海道中膝栗毛」，曲亭（**滝沢**）**馬琴**の「南総里見八犬伝」，俳諧では**小林一茶**や与謝蕪村が活躍。
- 絵画…**浮世絵**では，**錦絵**が大流行。［喜多川歌麿］は美人画，［葛飾北斎］（富嶽三十六景）や**歌川広重**（東海道五十三次）は風景画の作品を残す。

関連 → p.143 歌川広重

(ColBase)
▲葛飾北斎の風景画（富嶽三十六景）

第5位 寛政の改革（かんせいのかいかく）

- 田沼意次のあとに**老中**となった **松平定信**（徳川吉宗の孫）が，1787～1793年に行った政治改革。
- 農村を復興するため，出かせぎを制限， **商品作物** の栽培を制限，凶作に備えて米を備蓄させる。
- 昌平坂学問所（江戸幕府の学校）では **朱子学** 以外の学問を禁止。
- 倹約令を出す一方で，**旗本**や御家人が札差から借りた**借金を帳消し**にした。
- 厳しすぎて人々の反感をかい，約6年で失敗。

白河の清きに
魚の住みかねて
元のにごりの
田沼こひしき

▲寛政の改革を批判する狂歌

田沼意次の時代のほうがよかった……と詠んだ歌だ。

関連 → p.139 松平定信

第6位 太閤検地（たいこうけんち）

- 1582年から，土地と百姓を支配し，確実に**年貢**を徴収することを目的に， **豊臣秀吉** が始めた政策。
- 田畑の面積や土地のよしあしを調べ，予想される収穫量を **石高** で表し，耕作者とともに**検地帳**に記録した。
- 百姓は，**土地の耕作権**を認められたかわりに，**年貢納入の義務**を負った。
- **中世**から続いた**荘園**の制度はなくなった。

(Gakken 資料課)

▲江戸時代の検地の様子

関連 → p.136 兵農分離，p.141 石高

第7位 千利休（せんのりきゅう）

- 安土桃山時代の **堺** の商人で，織田信長・豊臣秀吉に仕えた。
- **茶の湯** を，質素な茶室で楽しむ，**わび茶**として大成した。

関連 → p.135 桃山文化

第8位 宗教改革（しゅうきょうかいかく）

- **1517** 年，**ローマ教皇**の免罪符の販売に反対して，ドイツの **ルター** が始めた。
- 改革派は**プロテスタント**と呼ばれた。**カトリック教会**は **イエズス** **会**を結成し，海外布教を行う。

免罪符を買うと，すべての罪が許されると宣伝していたんだ。

宗教改革　ルターに　以後一難（1 5 1 7）

第9位 田沼意次（たぬまおきつぐ）

- 18世紀後半，江戸幕府の **老中** となり，商人の豊かな経済力を利用した**積極的な経済政策**を行った。
- **株仲間** の結成を奨励，**長崎** **貿易**を活発化するために**銅**（専売制）や**俵物**（蝦夷地を調査）の輸出を拡大，年貢を増やすために印旛沼の干拓を開始。
- わいろが横行し，ききん（天明のききん）が続く中で失脚。

関連 → p.131 株仲間

▲俵物…これらを俵につめたもの。料理の高級食材として，中国に輸出された。

よく出る！ 出るランク 

第10位 南蛮貿易（なんばんぼうえき）

- 16世紀後半に行われた，**ポルトガル**人や**スペイン人**との貿易。代表的な港は，**平戸**や**長崎**。
- 明の生糸や絹織物，ヨーロッパの**鉄砲**や火薬などを輸入，日本からは大量の**銀**が輸出された。

第11位 バスコ＝ダ＝ガマ

- **大航海**時代，インド航路を開拓したポルトガルの航海者。
- アジア産の**香辛料**を直接手に入れるため，1498年，**アフリカ大陸**の南端の**喜望峰**を回り，**インド**に到達した。

関連 → p.141 コロンブス

第12位 徳川家光（とくがわいえみつ）

- **徳川家康**の孫で，江戸幕府の第3代将軍。
- **武家諸法度**で**参勤交代**を制度化。
- 1641年，「鎖国」の体制を完成させる。
- 家光の時代までに**幕藩体制**がほぼ確立。

関連 → p.130 武家諸法度，p130 参勤交代，p140「鎖国」体制

□□ 第13位 桃山文化（ももやまぶんか）

- 16世紀後半の 安土桃山 **時代**に栄えた，新興の大名や大商人の権力と富を背景にした，**雄大で豪華な文化。**
- 建築・絵画…**天守**のある城。城内のふすまや屏風には， 狩野永徳 らによってきらびやかな絵（濃絵）が描かれた。
- 芸能… 千利休 が**わび茶**を大成。出雲の阿国が かぶきおどり を始める。

▲姫路城（兵庫県）
（ピクスタ）

▲唐獅子図屏風（狩野永徳）
（宮内庁三の丸尚蔵館）

関連 → p.133 千利休，p.139 狩野永徳

□□ 第14位 バテレン追放令（バテレンついほうれい）

- 1587年， 豊臣秀吉 が出した，**キリスト教**の宣教師の国外追放を命じた法令。
- **長崎**が イエズス **会**に寄進（寄付）されたことを知った秀吉が，キリスト教の拡大をおそれたため。
- 一方で， 南蛮 **貿易は禁止されなかった**ので，命令は徹底せず，キリスト教徒は増えていった。

> 一　日本は神国であるから，キリスト教国が邪教（キリスト教）を伝え広めるのは，けしからぬことである。
> 一　ポルトガルの貿易船は，商売のために来ているので，バテレン追放とは別である。今後とも長い年月にわたっていろいろと売買するように。

▲バテレン追放令（部分要約）

関連 → p.134 南蛮貿易

第15位 織田信長（おだのぶなが）

▲織田信長
（長興寺〈豊田市〉）

- 尾張（愛知県）の**戦国大名**。
- 1560年，桶狭間の戦いで駿河（静岡県）の大名の今川義元を破った。
- 1573年，**室町幕府**を滅ぼした。
- 1575年，**長篠の戦い**で，**鉄砲**を有効に使い，甲斐（山梨県）の武田氏を破った。
- **安土城**（滋賀県）を築き，城下で**楽市・楽座**を行い，各地の**関所**を廃止。└流通をさかんにするため
- 仏教勢力を弾圧し，キリスト教を優遇する政策をとった。
- 1582年，本能寺（京都府）で家臣の明智光秀にたおされた。

関連 → p.140 楽市・楽座，p.143 長篠の戦い

第16位 兵農分離（へいのうぶんり）

- **武士**と**百姓（農民）**の**身分の区別**がはっきりしたこと。
- **豊臣秀吉**が行った，**太閤検地**と，百姓から武器を取り上げる**刀狩（令）**により，**兵農分離**が進んだ。
- 武士・百姓（農民）・町人など，職業に基づく身分と，身分ごとに住む地域が定められた。
- 江戸時代に続く，武士が支配する**近世社会**のしくみが築かれた。

関連 → p.132 太閤検地，p.138 刀狩（令）

□□ 第17位 元禄文化(げんろくぶんか)

(ColBase)
▲菱川師宣の浮世絵（見返り美人図）

- 17世紀末〜18世紀初め，江戸幕府第5代将軍の 徳川綱吉 の**元禄**年間に，上方 **（大阪・京都）**を中心に栄えた町人文化。
- 文学… 井原西鶴 は浮世草子（小説），**松尾芭蕉**は**俳諧**（俳句），近松門左衛門 は歌舞伎や人形浄瑠璃の脚本で活躍。
- 絵画…俵屋宗達や**尾形光琳**が新しい装飾画を描く。菱川師宣は 浮世絵 を始める。

関連 → p.139 徳川綱吉

□□ 第18位 異国船打払令(いこくせんうちはらいれい)

- 1825 **年**，江戸幕府が出した，日本の沿岸に近づく 外国船 の撃退を命じる法令。
- アヘン **戦争**で，中国の 清 が**イギリス**に敗れたことを知ると，**天保の改革**を行っていた 水野忠邦 は，異国船打払令をやめて，寄港した外国船に燃料の薪や水を与える命令を出した。

どこの港でも，外国船が入港するのを見たなら，有無を言わさず，いちずに打ち払え。逃亡したら追う必要はない。もし強引に上陸したら，つかまえるか，または打ち殺してもかまわない。	➡	外国船が難破して漂流し，薪や水，食料を求めてきたとき，事情を考えず，いちずに打ち払っては失礼なので，よく様子を見て必要な品を与え，帰るように言い聞かせよ。
▲1825年の異国船打払令（部分要約）		▲1842年の薪水給与令（部分要約）

差がつく! 出るランク 

□□ 第19位

ルター

関連 → p.133 宗教改革

▶ 1517年，**ローマ教皇**の免罪符(めんざいふ)の販売を批判(ひはん)し，ドイツで**宗教改革**を始めた。

□□ 第20位

ポルトガル

関連 → p.134 南蛮貿易，p.134 バスコ=ダ=ガマ

▶ **大航海時代**の先がけとなり，15世紀末に**バスコ=ダ=ガマ**がインド航路を開拓(かいたく)。

▶ 1543年，ポルトガル人を乗せた船が**種子(たねが)島**(鹿児島県)に漂着(ひょうちゃく)して**鉄砲(てっぽう)**を伝える⇨**南蛮(なんばん)貿易**を行う⇨**1639年**，江戸幕府が**ポルトガル船の来航を禁止**。

□□ 第21位

刀狩(かたながり)(令(れい))

関連 → p.136 兵農分離

▶ **一揆(いっき)**を防ぐために，百姓(ひゃくしょう)や寺社から武器を取り上げた**豊臣秀吉(とよとみひでよし)**の政策。

▶ **太閤検地(たいこうけんち)**と**刀狩(かたながり)(令)**により，**兵農分離(へいのうぶんり)**が進んだ。

▼刀狩令(部分要約)

諸国の百姓が刀やわきざし，弓，やり，鉄砲，そのほかの武具などを持つことは，かたく禁止する。

□□ 第22位

朱印船貿易(しゅいんせんぼうえき)

▶ 17世紀初め，**徳川家康(とくがわいえやす)**が始めた，東南アジアへの渡航(とこう)を許可する**朱印状(しゅいんじょう)**をもった船(朱印船)による貿易。

▶ 東南アジア各地に**日本町**が栄えた。

□□ 第23位

朝鮮通信使

関連 → p.144 対馬藩

▶江戸幕府の将軍の代がわりなどに，朝鮮から派遣された祝いの使節。

▶朝鮮との交渉の窓口は，対馬藩が務めた。

（長崎県対馬歴史研究センター）

▲朝鮮通信使の一行

□□ 第24位

徳川綱吉

関連 → p.137 元禄文化，p.143 朱子学

▶江戸幕府の第5代将軍。

▶朱子学を奨励して**文治政治**を行う。

▶極端な動物愛護を定めた**生類憐みの令**。

▶財政難を解消しようと，**質を落とした**（小判に含まれる金の量を減らした）貨幣**を発行**したが，物価が上昇した。

□□ 第25位

狩野永徳

関連 → p.135 桃山文化

▶桃山**文化**で活躍した画家。城のふすまや屏風にきらびやかな濃絵を描いた。

▶代表作品…「唐獅子図屏風」など。

□□ 第26位

松平定信

関連 → p.132 寛政の改革

▶徳川吉宗の孫で，**田沼意次**のあとに老中となり，1787～1793年に寛政**の改革**を行った。

□□ 第27位

大塩の乱（大塩平八郎の乱）

▶1837年，大阪町奉行所の元役人で陽明学者の大塩平八郎が，**天保の**ききんで苦しむ人々を救うために大阪で起こした反乱。

地理 歴史 公民

第28位

楽市・楽座

関連 → p.136 織田信長

▶ 織田信長が，安土（滋賀県）城下で商工業の発展を図るために実施したものが有名。

この安土の町は楽市としたので，いろいろな座は廃止し，さまざまな税は免除する。

▲楽市令（1577年）

▶ 市場の税を免除し，座の特権を廃止。

第29位

オランダ商館

▶ 江戸時代，オランダが日本との貿易のために置いた**オランダ東インド会社**の支店。

▶ 17世紀初め，平戸に置かれたが，**1641年**に長崎港内の出島に移された。

（長崎歴史文化博物館）

▲出島

第30位

「鎖国」体制

▶ 江戸幕府による禁教（キリスト教の禁止），外国との貿易統制，外交独占を政策とする体制。

第31位

天下の台所

▶ 全国の商業の中心地として栄えた大阪の呼び方。

▶ 諸藩の蔵屋敷が多く置かれ，全国から**年貢米**や特産物が集められて売買された。

第32位
享保の改革

関連 → p.142 上げ米の制, p.144 公事方御定書

- 1716～1745 年, **徳川吉宗**（第８代将軍）が, 江戸幕府の財政再建のために行った政治改革。
- 倹約令, 有能な人材の登用, **上げ米の制**, **目安箱**の設置, **新田開発**。
- 裁判の基準となる **公事方御定書** を制定。

第33位
伊能忠敬

- 幕府の支援を受けて, 西洋の技術で全国の海岸線を測量し, 正確な **日本地図** をつくった人物。

測量で歩いた距離は, 地球１周分！

第34位
コロンブス

- スペインの支援を受け, 大西洋を横断して, アジアを目指そうとした航海者。
- **1492 年**, 西インド諸島（カリブ海のアメリカ大陸付近）に到達した。

暗記法: **東洋の国と思った（1 4 92）　コロンブス 西インド諸島に到達**

第35位
ザビエル
（フランシスコ＝ザビエル）

- **1549 年**, 鹿児島に上陸して, 日本に初めて **キリスト教** を伝えた, **イエズス会** の宣教師。

第36位
石高

関連 → p.132 太閤検地

- 田畑の予想収穫量を, **米** の体積で表した単位。米１石は, 約 150kg。
- 武士に与えられる領地は, **石高**で表された。

□□ 第37位

千歯こき

- 江戸時代に発明された **脱穀** のための農具。
- これにより脱穀の能率が上がった。

□□ 第38位

工場制手工業(マニュファクチュア)

- **分業** によって製品をつくるしくみ。
- 大商人や地主が，人を雇って工場に集め，**作業を分担**して効率よく製品をつくらせた。
- 日本では，19世紀ごろから発達した。

▲日本の工場制手工業

(愛知県図書館)

□□ 第39位

上げ米の制

関連 → p.141 享保の改革

- **徳川吉宗**の **享保** **の改革**で，幕府の収入を増やすために行われた政策。
- 大名が **参勤交代** で江戸にいる期間を，1年から半年に短縮する代わりに，**米** を幕府に納めさせた。

□□ 第40位

国学

- 儒教や仏教が伝わる前の日本古来の精神を研究する学問。
- **本居宣長** が「**古事記伝**」を著して大成。
- 幕末の**尊王攘夷運動**に影響を与えた。

□□ 第41位

歌川広重

関連 → p.131 化政文化

▶ 化政文化で活躍した浮世絵師。
▶「東海道五十三次」などの風景画。

(ColBase)
▲東海道五十三次より

□□ 第42位

朱子学

関連 → p.132 寛政の改革

▶ 儒学の考え(学派)の１つ。
▶ 主従関係や上下関係を重視。
▶ **松平定信**の**寛政の改革**では，幕府の学校で**朱子学**以外の学問が禁止された。

□□ 第43位

長篠の戦い

関連 → p.136 織田信長

▶ 1575年，織田信長・徳川家康連合軍が，甲斐（山梨県）の武田氏を破った戦い。
▶ 連合軍は鉄砲を有効に使った。

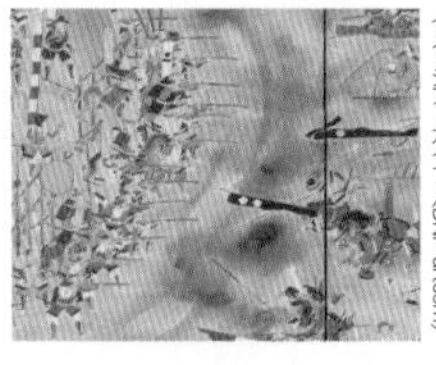
(徳川美術館所蔵 © 徳川美術館イメージアーカイブ／DNP artcom)

□□ 第44位

百姓一揆

▶ 江戸時代，百姓が起こした，領主に対する反抗。
▶ 年貢の軽減や，不正な代官の交代などを求めた。
▶ 一揆の連判状は，**中心人物がわからない**ように，円形に署名したといわれる。

(岐阜県白山文化博物館)
▲からかさ連判状

第45位

対馬藩

関連 → p.139 朝鮮通信使

- 江戸幕府と **朝鮮** の国交回復の仲立ちをした，対馬（長崎県）の**宗氏**を藩主とする藩。
- 朝鮮との貿易で釜山に倭館を設けた。

第46位

堺

関連 → p.133 千利休

- 大阪の**港町**。室町時代には，有力な商人による **自治** が行われた。
- **鉄砲** が伝来すると，生産地となった。

第47位

水野忠邦

関連 → p.145 天保の改革

- **天保** **の改革**を行った **老中** 。
- 清が敗れた**アヘン戦争**の情報を入手すると， **異国船打払令** をやめて，外国船に薪や水を与える命令（薪水給与令）を出した。

第48位

公事方御定書

関連 → p.141 享保の改革

- **享保** **の改革**を行った**徳川吉宗**が制定した法律。
- 公正な **裁判** を行うための基準。

第49位

蘭学

- **オランダ** **語**でヨーロッパの医療や技術，文化などを学ぶ学問。
- 18世紀後半，前野良沢・杉田玄白らが翻訳した『 **解体新書** 』の出版によって基礎が築かれた。

（国立国会図書館所蔵）
▲解体新書

□□ 第50位

外様大名

▶ 関ヶ原 の戦いのころから，徳川氏に従った大名。

▶ 東北や九州など，**江戸から** 遠い 地に配置された。

□□ 第51位

天保の改革

関連 → p.131 株仲間
p.144 水野忠邦

▶ 1841～1843 年，老中の 水野忠邦 が行った政治改革。

▶ 風俗の取り締まり，出かせぎの禁止。

▶ 物価上昇をおさえるため，**株仲間**を 解散 させた。江戸・大阪周辺を幕領にしようとしたが，反対にあい，2 年余りで失敗。

□□ 第52位

新田開発

▶ 幕府や藩が 年貢 米の増収を図るために行った大規模な開墾。

▶ 享保 **の改革**でとくに力が入れられた。

□□ 第53位

十字軍

▶ 聖地 エルサレム を イスラム **勢力**から取りもどすために，**ローマ教皇**の呼びかけで派遣された遠征軍。

▶ 1096 **年**から約 200 年にわたり派遣されたが失敗した。

4 開国と近代日本のあゆみ

必ずおさえる! 出るランク

第1位 八幡製鉄所(やはたせいてつしょ)

▶ 日清(にっしん) 戦争で得た賠償金(ばいしょうきん)の一部を基(もと)に，北九州（福岡県）に建設され，1901 年から操業(そうぎょう)を開始した官営の製鉄所。

第2位 日米和親条約(にちべいわしんじょうやく)

▶ 1854 年，江戸幕府がアメリカの使節 ペリー と結んだ条約。

▶ 函館(はこだて)，下田(しもだ) の2港を開いて，日本は開国した。

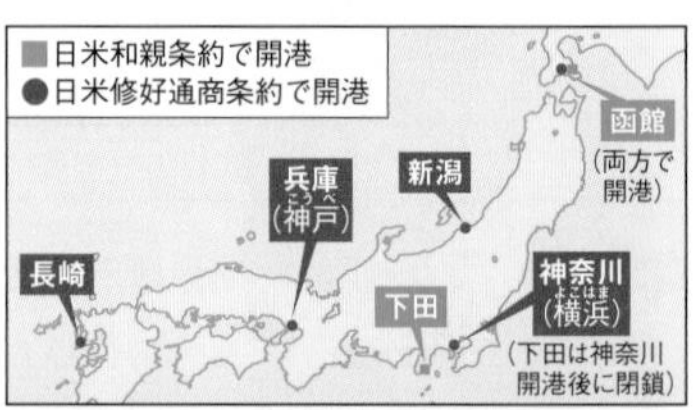

第3位 アヘン戦争(アヘンせんそう)

▶ 1840 年，アヘン の密輸をめぐる 清(しん) と**イギリス**の戦争で，イギリスが勝利する。

▶ 1842 年，南京(ナンキン) **条約**を結び，イギリスは多額の賠償金と香港(ホンコン)を得る。

(東洋文庫)
▲アヘン戦争

▶ 翌年，清はイギリスと**不平等条約**を結ぶ。
└清に関税自主権がなく，イギリスに領事裁判権を認める

関連 → p.137 異国船打払令，p.150 領事裁判権，p.153 関税自主権

第4位 伊藤博文(いとうひろぶみ)

(国立国会図書館)

- **長州藩**(山口県)出身の**藩閥**の政治家。1871 年の **岩倉** **使節団**に同行，憲法制定に力をつくし，1885 年，**内閣制度**を創設して初代の **内閣総理大臣** (首相) に就任。
  └4 度にわたり内閣を組織
- 1900 年，**立憲政友会**を結成。
- 1905 年，初代韓国統監に就任。1909 年，韓国の運動家の安重根(アンジュングン)に暗殺された。翌 **1910 年**に **韓国併合** が行われた。

関連 → p.154 岩倉使節団，p.163 立憲政友会

第5位 文明開化(ぶんめいかいか)

- **明治** 時代の初め，**欧米の文化**が取り入れられ，都市を中心に伝統的な生活が大きく変化した風潮。
- **れんが** 造りの欧米風の建物，馬車，ガス灯，洋服，**太陽暦**の採用など。

▲洋風化する町並み
(東京ガス ガスミュージアム)

第6位 生糸(きいと)

- **蚕のまゆ**からとる**絹織物**用の糸。幕末の貿易から明治時代にかけて，日本最大の **輸出** 品。
- 1872 年，群馬県に **富岡** **製糸場**を建設し，生糸の増産を図る。
  └官営模範工場

関連 → p.152 富岡製糸場

第7位 地租改正（ちそかいせい）

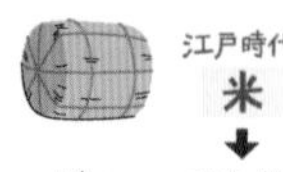

- 明治維新の三大改革の１つ。1873 年から実施された 税 制の改革。
- 土地の所有者と地価を定めて 地券 を発行し，土地の所有者に地価の 3 %を 現金 で納めさせた。

└各地で地租改正に反対する一揆が起き，1877 年に税率が 2.5%に引き下げられた

第8位 学制（がくせい）

- 1872 年に公布された，近代的な 学校制度 の基本を定めた法令。
- 明治維新 の三大改革の１つ。
- 満 6 歳になった男女すべてに 小学校 教育を受けさせた。

第9位 自由民権運動（じゆうみんけんうんどう）

- 1874 年，板垣退助らが 議会（国会） の開設を求めて，政府に 民撰議院設立の建白書 を提出し，自由民権運動が全国に広がる。
- 1880 年，国会期成同盟 が結成される。

- 1881 年，国会開設の勅諭が出される。

（東京大学法学部附属明治新聞雑誌文庫）
▲自由民権運動の演説会

- 板垣退助は 自由 党，大隈重信 は立憲改進党を結成。

暗記法　いやな世直せと建白書
１８７４

関連 → p.157 板垣退助，p.158 自由党，p.159 民撰議院設立の建白書

□□ 第10位 ポーツマス条約（ポーツマスじょうやく）

▲ポーツマス条約で日本が得た利権

- 1905 年，日露戦争の講和条約。
- 日本は韓国での優越権，鉄道の利権，樺太（サハリン）の南半分などを得る。
- 賠償金を得られなかったので，日本国民の不満が高まり，暴動が起こった。

□□ 第11位 賠償金（ばいしょうきん）

- 敗戦国が戦勝国に対して支払う賠償金。日本は，日清戦争で清から多額の賠償金を得たが，日露戦争ではロシアから賠償金を得ることができず，東京では，日比谷焼き打ち事件が起こった。

□□ 第12位 下関条約（しものせきじょうやく）

- 1895 年，**下関**（山口県）で結ばれた，日清戦争の講和条約。
- 日本は，**遼東半島**，**台湾**，澎湖諸島，賠償金 2 億両を獲得する。ロシアなどの三国干渉により，遼東半島を清に返還した。

□□ 第13位 ペリー

- アメリカの東インド艦隊司令長官。1853 年，4 隻の軍艦を率いて浦賀（神奈川県）に来航，1854 年に，日米和親条約を結んだ。

第14位 大政奉還（たいせいほうかん）

▲家臣に大政奉還を告げる徳川慶喜
（聖徳記念絵画館）

- 1867年，江戸幕府第15代将軍 **徳川慶喜** が **朝廷** **に政権を返上**したできごと。
- 260年余り続いた **江戸幕府** は滅び，約700年続いた武家政治が終わった。
- **王政復古の大号令** で天皇中心の政治へ。

第15位 領事裁判権（りょうじさいばんけん）

- 幕末の条約で日本が相手国に認めた，罪を犯した外国人の **裁判** を，その国の **領事** が行う権利。**治外法権**ともいう。
- **1894** 年，**陸奥宗光** 外相が，**領事裁判権の撤廃に成功**した。

1886年のノルマントン号事件では，イギリス領事裁判所が，イギリス人船長に軽いばつしか与えなかったよね……。

第16位 南北戦争（なんぼくせんそう）

- 1861年に始まったアメリカ合衆国内の内戦。
- **奴隷制**と自由貿易を進める **南部** の州と，奴隷制に反対し保護貿易に賛成の **北部** の州の対立。
- 北部の **リンカン** 大統領が**奴隷解放宣言**を発表，北部が勝利。
- 内戦の影響で，幕末の日本への輸出が大幅に減った。
  - 1860年の日本の貿易相手国…イギリス55%，アメリカ32%
  - 1865年の日本の貿易相手国…イギリス86%，アメリカ2%

関連 → p.154 リンカン

よく出る！ 出るランク 

第17位 産業革命（イギリス）（さんぎょうかくめい）

（PPS通信社）
▲世界初の蒸気機関車による鉄道

- **工場**での**機械**生産など技術の向上による，経済や社会のしくみの大きな変化。
- 18世紀後半にワットが **蒸気機関**（じょうき）を改良し，**イギリス** で綿工業から産業革命が始まる。

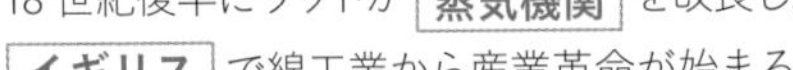

- イギリスは「**世界の工場**」となり，市場を求めてアジアへ進出。

第18位 津田梅子（つだうめこ）

（国立国会図書館）

- 1871年の **岩倉**（いわくら） **使節団**に最年少の女子留学生として同行し，アメリカの学校に留学。
- 帰国後，女子英学塾（のちの津田塾大学）を創設するなど，女子教育の発展につくした。

第19位 （金と銀の）交換比率（〈きんとぎんの〉こうかんひりつ）

- 江戸幕府が開国して貿易が始まると，外国との金銀の交換比率が違って（ちが）いたため，日本の **金貨（小判）**（こばん）が**大量に国外に流出した。**

□□ 第20位 人権宣言（フランス）（じんけんせんげん）

▶ 1789 年，フランス 革命のときに，国民議会が発表した宣言。

▶ 人間としての**自由**，法と権利における**平等**，国民主権などを唱えた。

第1条　人は生まれながらに，自由で平等な権利を持つ…（略）。
第3条　主権の源は，もともと国民の中にある…（略）。

▲フランス人権宣言（部分要約）

関連 → p.195 人権思想

□□ 第21位 三国干渉（さんごくかんしょう）

▶ 1895 年，**下関条約**（しものせき）で日本が獲得（かくとく）した 遼東（りょうとう／リアオトン） 半島を，ロシア ・**ドイツ・フランス**が清（しん）に返還（へんかん）するように要求したできごと。

□□ 第22位 西南戦争（せいなんせんそう）

▶ 1877 年，西郷隆盛（さいごうたかもり） を中心とした鹿児島の「不平士族」などが起こした明治政府への反乱。

▶ 徴兵令（ちょうへいれい） で組織され，近代的な軍備を整えた政府軍に敗れた。

□□ 第23位 富岡製糸場（とみおかせいしじょう）

▶ 明治新政府の 殖産興業（しょくさんこうぎょう） 政策の1つとして，**生糸**（きいと）の増産や品質の向上のために，1872 年，群馬県につくられた 官営模範（もはん） **工場**。

└世界文化遺産に登録

関連 → p.147 生糸

第24位 日清戦争（にっしんせんそう）

- 1894 年，朝鮮（ちょうせん）の支配権をめぐって起こった日本と**清**との戦争。
- 朝鮮半島南部で起きた甲午農民（こうご）**戦争**に対する，日本と清の朝鮮への出兵がきっかけで開戦，日本が勝利。
- 下関 **条約**で，日本は多額の賠償金（ばいしょうきん）と領土を獲得するが，ロシアなどから三国干渉（かんしょう）を受ける。

（川崎市民ミュージアム）

▲朝鮮をめぐる日本・清・ロシアの関係の風刺画

暗記法　一発急所に日清戦争（1 8 9 4）

関連 → p.149 下関条約，p.152 三国干渉，p.155 甲午農民戦争

第25位 戊辰戦争（ぼしんせんそう）

- 1868～69 年，鳥羽・伏見（とば・ふしみ）**の戦い**から始まった**旧** 幕府 **軍**と新政府軍の戦い。**函館**（はこだて）（北海道）で旧幕府軍が降伏（こうふく）。

第26位 関税自主権（かんぜいじしゅけん）

- 国家が輸入品に自由に 関税 をかけることができる権利。幕末の**不平等条約**により，日本には**関税自主権がなかった。**
- 1911 **年**，小村寿太郎（こむらじゅたろう） 外相が関税自主権を完全に回復した。

第27位 リンカン（リンカーン）

- アメリカ合衆国の第16代大統領。
- 1861～1865年の **南北** **戦争**では，**北部** を指導し，**奴隷解放宣言** を発表して，勝利に導いた。

関連 → p.150 南北戦争

（PPS通信社）

第28位 岩倉使節団（いわくらしせつだん）

- 1871～73年，**岩倉具視** を全権大使とする**欧米**に派遣された使節団。
- **大久保利通**，**伊藤博文**などが参加し，女子留学生の **津田梅子** も同行。
- **条約改正**の準備交渉は失敗し，欧米の進んだ政治や産業を学んで帰国。

▲岩倉使節団

関連 → p.147 伊藤博文，p.151 津田梅子，p.156 条約改正

第29位 五箇条の御誓文（ごかじょうのごせいもん）

- **1868** **年**，明治新政府が示した新しい政治の基本方針。
- **天皇** が神に誓うという形で出された。

> 一，広ク会議ヲ興シ万機公論ニ決スベシ
> 一，上下心ヲ一ニシテ盛ニ経綸ヲ行フベシ

▲五箇条の御誓文（部分）

暗記法 **五箇条で一つやろうや新政府**（1 8 6 8）

差がつく！ 出るランク 

□□ 第30位

綿糸

▶ **綿花**を原料とした糸。綿糸を生産する産業を **紡績** 業という。**日清** **戦争**後，綿糸の **輸出** 量が **輸入** 量を上回る。

□□ 第31位

遼東半島

関連 → p.149 下関条約，p.152 三国干渉

▶ **下関** **条約**で日本が獲得した半島。ロシアなどの **三国干渉** により，清に返還した。

□□ 第32位

甲午農民戦争

関連 → p.153 日清戦争

▶ 1894 年，**朝鮮** で東学を信仰する農民が中心に蜂起して起こった戦争。

▶ 朝鮮政府が清に出兵を求め，日本も対抗して出兵したことで **日清** **戦争**が始まる。

□□ 第33位

ナポレオン

関連 → p.159 フランス革命

▶ フランスの軍人。**フランス革命**後の 1804 年に **皇帝** の位に就く。

▶ **民法**（「**ナポレオン法典**」）を定める。

□□ 第34位

産業革命（日本）

関連 → p.146 八幡製鉄所

▶ 1880 年代後半から，**紡績** ・製糸などの **軽** **工業**から産業革命が始まる。

▶ 1901 年の **八幡製鉄所** の操業開始をきっかけに，**日露** **戦争**前後には **重化学** **工業**が発展。

第35位

条約改正

関連 → p.150 領事裁判権, p.153 関税自主権

- 幕末に結んだ 不平等 条約の内容を, 明治政府が改正しようとした外交交渉。
  └ 領事裁判権を認め, 日本に関税自主権がない
- 岩倉 使節団は改正交渉に失敗した。

第36位

日英同盟

関連 → p.162 ワシントン会議, p.166 第一次世界大戦

- 1902 年, ロシアに対抗するため, 日本と イギリス が結んだ軍事同盟。
- 第一次世界大戦 では, 日本は日英同盟に基づいて, **ドイツ**に宣戦布告。
- 1921〜1922 年の**ワシントン会議**で, 解消された（四か国条約）。

第37位

日米修好通商条約

関連 → p.150 領事裁判権, p.153 関税自主権, p.159 井伊直弼

- 1858 年, **大老** 井伊直弼 が, アメリカと結んだ通商条約。
- 函館, 神奈川（ 横浜 ）, 長崎, 新潟, 兵庫（神戸）, を開港し, 貿易が始まる。
- アメリカに 領事裁判 **権**を認め, 日本に 関税自主 **権がない**などの**不平等条約**。
- オランダなどとも同じ内容の条約を結ぶ。
  └ ほかにロシア, イギリス, フランスと

第38位

足尾銅山鉱毒事件

- 明治時代, 足尾銅山（栃木県）の廃水が渡良瀬川に流出したことで起こった, 公害 問題。
- 衆議院議員の 田中正造 が, 鉱毒事件の解決のために力をつくした。

地理 歴史 公民

第39位
北里柴三郎

- 明治〜昭和時代の細菌学者。
- **破傷風** の血清療法を発見し，伝染病研究所を設立。

（国立国会図書館）

第40位
樺太・千島交換条約

- **1875** **年**，日本と **ロシア** の間で国境を確定した条約。
  └1854年の日露和親条約では，樺太（サハリン）の国境は設けなかった
- 樺太（サハリン）は **ロシア** 領，千島列島はすべて **日本** 領とした。

第41位
板垣退助

関連 → p.148 自由民権運動，p.158 自由党，p.159 民撰議院設立の建白書

- 土佐藩（高知県）出身の政治家。
- **征韓論**をめぐる政変で政府を去り，1874年に **民撰議院設立の建白書** を政府に提出して，**自由民権** **運動**を進めた。
- 1881年，**自由** **党**を結成し，党首となった。

（国立国会図書館）

第42位
廃藩置県

- 1871年，**藩** を廃止して**府**・**県** を置き，各県には**県令**を派遣した政策。
  └東京・大阪・京都
  └府には府知事

第43位
蒸気機関

関連 → p.151 産業革命（イギリス）

- **水蒸気**を利用して動力を得る機関。18世紀後半，イギリスの **ワット** が改良し，蒸気機関で動く**機械**が発明される。
- **産業** **革命**を進める大きな力となった。

□□ 第44位

インド大反乱

▶ 1857年，**インド**で起こった **イギリス** への反乱。鎮圧したイギリスは，**ムガル帝国**を滅ぼし，インドを **植民地** にした。

□□ 第45位

孫文（スンウェン）

▶ 中国の革命家・政治家。**三民主義** を唱えて，近代国家の建設を目指した。

▶ 1911年，**辛亥** **革命**が起こり，1912年に孫文は**臨時大総統**となり，**中華民国** の成立を宣言した。

□□ 第46位

安政の大獄

関連 → p.159 井伊直弼

▶ 1858〜1859年，**大老** **井伊直弼** が江戸幕府の政策に反対する大名，武士，公家を処罰した事件。

▶ **長州** 藩（山口県）の **吉田松陰** らが，処刑された。

□□ 第47位

自由党

関連 → p.148 自由民権運動，p.157 板垣退助

▶ 1881年，国会開設の勅諭が出されると，**板垣退助** を党首として結成された政党。

▶ 激化事件が多発して，1884年に解散。

□□ 第48位

福沢諭吉

▶ 明治時代の思想家・教育者。

▶「**学問のすゝめ**」を著し，人間の平等と民主主義をわかりやすい表現で説いた。

「学問のすゝめ」は，明治時代のベストセラーだったよ。

第49位

フランス革命

関連 → p.152 人権宣言（フランス）

- 1789 年に始まったフランスの市民革命。
- **絶対王政**に不満をもつ市民が，パリのバスチーユ牢獄を襲撃して始まった。
- **国民議会**が 人権宣言 を発表。
- フランス革命により，「**国民**」としてまとまろうとする動きが生まれた。
  └ヨーロッパ諸国や中南米諸国

第50位

富国強兵

- 明治新政府が目指した，欧米諸国に対抗するために， 経済 を発展させて国力をつけ， 軍隊 を強くするための政策。
- 殖産興業 政策や**徴兵令**などを実施。

第51位

民撰（選）議院設立の建白書

- 1874 年， 板垣退助 らが 議会（国会） の開設を求めて，政府に提出した意見書。
- 自由民権運動 のきっかけとなった。

第52位

井伊直弼

関連 → p.156 日米修好通商条約，p.158 安政の大獄

- 1858 年， 日米修好通商 **条約**を結んだ江戸幕府の**大老**。
- 安政の大獄 で反対派を弾圧。
- 1860 年， 桜田門外 **の変**で暗殺された。

第53位

岩倉具視

関連 → p.154 岩倉使節団

- 幕末から明治時代前期の公家出身の政治家。明治新政府で要職に就いた。
- 岩倉使節団 の全権大使。

地理 歴史 公民

5 二度の世界大戦と日本

必ずおさえる! 出るランク 

第1位 世界恐慌(せかいきょうこう)

- 1929 年, アメリカで株価の大暴落をきっかけに始まった世界的な不景気と経済混乱。
- アメリカは ニューディール 政策, イギリスやフランスは ブロック 経済を行う。
- ドイツやイタリアでは ファシズム が台頭。
- 「五か年計画」を行っていた ソ連 は, 世界恐慌の影響を受けずに経済成長。

暗記法 ひどくふくらむ世界恐慌(1 9 2 9)

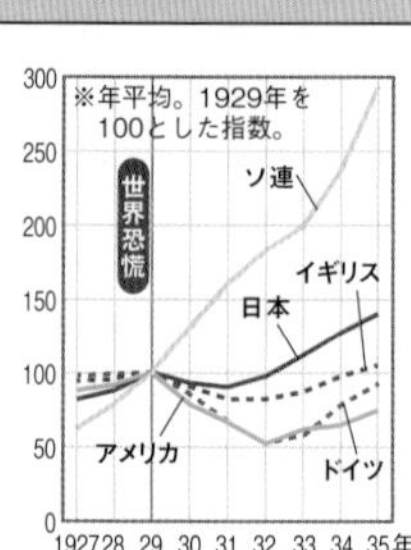

▲1929 年前後の主な国の鉱工業生産指数
(「明治以降 本邦主要経済統計」)

関連 → p.166 ニューディール(新規まき直し)政策, p.164 ブロック経済

第2位 原敬(はらたかし)

- 1918 年, 米騒動 で藩閥の内閣がたおれたあと, 日本初の本格的な 政党内閣 を組織した。
- 陸軍, 海軍, 外務の 3 大臣以外は, 衆議院の第一党である 立憲政友会 の党員で構成。
- 華族出身ではなく,「平民宰相」と呼ばれた。

(国立国会図書館)

関連 → p.163 米騒動

第3位 大戦景気（たいせんけいき）

- 第一次世界大戦 による，日本経済の好景気（好況）。
- 第一次世界大戦中，日本の貿易は，輸出 額が 輸入 額を上回った。
- **鉄鋼**や**造船**などの 重化学(重) **工業**が成長した。
- 急に金持ちになる**成金**が出現した。

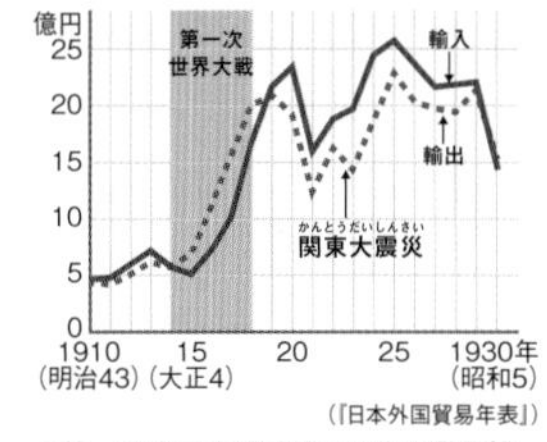

▲第一次世界大戦前後の日本の貿易額の変化

関連 → p.166 第一次世界大戦

第4位 普通選挙法（ふつうせんきょほう）

- 1925 **年**，**加藤高明**内閣が成立させた。
- **納税額**による制限を廃止して，**満** 25 **歳以上のすべての** 男子 に選挙権を与えた。
- 1928年の選挙では，有権者が約4倍に増加した。
- 同じ年に 治安維持法 を制定。

総選挙実施年	1890	1902	1920	1928	1946
総人口に占める有権者の割合	1.1%	2.2%	5.5%	20.0%	48.7%
制限：直接国税	15円以上	10円以上	3円以上	普通選挙	
制限：年齢性別	25歳以上の男子				20歳以上の男女

（縦軸：有権者数 2000, 4000万人）

▲有権者数の増加　（総務省資料ほか）

注意 女性の参政権（選挙権と被選挙権）が認められたのは，第二次世界大戦後の1945年で，1946年の選挙で初めて女性の国会議員が誕生した。

関連 → p.170 治安維持法，p.170 加藤高明，p.179 女性参政権

第5位 ラジオ放送（ラジオほうそう）

▶家庭に普及したラジオ
（毎日新聞社）

- 1925 年，東京・名古屋・大阪で開始された電波による音声放送。
  └テレビ放送の開始は 1953 年
- 新聞 とならぶ情報源となる。
- 1945 年 8 月 15 日，昭和天皇が太平洋戦争における日本の降伏を，**ラジオ放送**で国民に知らせた（**玉音放送**）。

第6位 国家総動員法（こっかそうどういんほう）

- **1938 年**，近衛文麿内閣の下で成立した法律。
- **日中戦争**を継続するために，政府は，議会 の承認なしに，労働力や物資を動員できるようになった。
- これをきっかけに生活必需品の 配給 制や切符制が始まった。
  └米，砂糖，マッチ，衣料品など

第7位 ワシントン会議（ワシントンかいぎ）

- **1921〜1922 年**，アメリカ の呼びかけで開かれた**軍縮会議**。
- 海軍 の軍備の制限（ワシントン海軍軍縮条約），太平洋地域の現状維持，中国の主権尊重を確認した。
- 日本は，山東省 での権益を中国へ返還。
- **日英同盟**は解消された。
- 1920 年代は，国際協調 の時代になった。

日英同盟は，1902 年にイギリスと結んだ同盟だったよね。

関連 → p.156 日英同盟，p.167 国際協調，p.171 二十一か条の要求

よく出る！ 出るランク B

第8位 国際連盟（こくさいれんめい）

▶ 1920年，アメリカの ウィルソン の提案で設立された世界平和と国際協調を目的とする国際機関。本部はスイスの ジュネーブ 。
▶ 日本は常任理事国の1つになる。 アメリカ は加盟しなかった。
▶ 紛争の解決手段は， 経済 **制裁**のみで，**武力制裁はできなかった。**

関連 → p.164 国際連盟脱退（日本），p.166 ウィルソン

第9位 立憲政友会（りっけんせいゆうかい）

▶ 1900年，**伊藤博文**が結成し，以後，政党の中心となった。
▶ 1918年，**原敬**は大部分を立憲政友会の党員で内閣を組織した。
▶ 1940年に解党し，新たに結成された 大政翼賛会 に合流した。

関連 → p.147 伊藤博文，p.160 原敬，p.171 大政翼賛会

第10位 米騒動（こめそうどう）

▶ 1918年， シベリア出兵 を見こした米の買い占めから，米価が急上昇して起こった，米の安売りを求める騒動。
▶ 富山 **県**で発生して全国に広がり，政府は軍隊を出動させて鎮圧した。

（徳川美術館©徳川美術館イメージアーカイブ／DNPartcom）

関連 → p.165 シベリア出兵

第11位 ブロック経済（ブロックけいざい）

▶ 関係の深い国や地域との間だけで貿易を行い，ほかの国を締め出そうとする政策。

▶ 多くの**植民地**をもつ **イギリス** や**フランス**が，**世界恐慌** の対策として行った。

▶ 植民地の少ないイタリア・ドイツ・日本などは，新たな領土を獲得して，経済圏をつくろうとした。

関連 → p.160 世界恐慌，p.171 ファシズム

第12位 五・一五事件（ご・いちごじけん）

▶ **1932** **年5月15日**，**犬養毅** 首相が，海軍の青年将校らによって暗殺された事件。

▶ 五・一五事件により，1924年の加藤高明内閣から8年間続いていた **政党** **政治が途絶えた。**

関連 → p.170 加藤高明

第13位 国際連盟脱退（日本）（こくさいれんめいだったい）

▶ **1933年**，**国際連盟**が **満州国** を認めず，日本軍の占領地からの撤兵を求める勧告を採択，反発した日本は国際連盟の脱退を通告。（リットン調査団の報告に基づく）

▶ こののち，日本は国際的な孤立を深め，軍備拡充を進めた。

関連 → p.163 国際連盟，p.166 満州国

□□ 第14位 ベルサイユ条約（ベルサイユじょうやく）

- **1919年**，連合国と**ドイツ**が結んだ **第一次世界大戦** の講和条約。
- ドイツは，**植民地** すべてと領土の一部を失い，巨額の **賠償金**（ばいしょうきん） と軍備縮小を課せられた。
  └重い負担となり，ドイツの経済が混乱した

□□ 第15位 シベリア出兵（シベリアしゅっぺい）

- **ロシア** **革命**に対して，社会主義の拡大をおそれた列強（れっきょう）の**干渉戦争**（かんしょう）。
- 1918年，**日本**，アメリカ，イギリス，フランスなどが出兵。
- 日本では，**シベリア出兵を見こした商人による米の買い占め**から，米価が急上昇（きゅうじょうしょう）し，**米騒動**（こめそうどう） が発生した。

□□ 第16位 ポツダム宣言（ポツダムせんげん）

- **1945** 年7月，**第二次世界大戦** において，連合国が日本に対して，**無条件降伏**（こうふく） や民主主義の復活や強化を求めた宣言。
- 日本は同年8月14日に受諾（じゅだく）し，降伏。15日国民に発表。

□□ 第17位 満州事変（まんしゅうじへん）

- **1931年**，満州にいた **関東軍**（かんとう） が南満州鉄道の線路を爆破する，**柳条湖事件**（りゅうじょうこ／リウティアオフー）を起こして始めた軍事行動。
- 満州の主要な地域を占領し，1932年に **満州国** の建国を宣言。

差がつく! 出るランク 

第18位 ニューディール(新規巻き直し)政策

関連 → p.160 世界恐慌

- 世界恐慌 に対する アメリカ の政策で, ローズベルト(ル) 大統領が進めた。
- 農業や工業の生産調整, 公共事業 により失業者を救済, 労働組合を保護。

第19位 第一次世界大戦

関連 → p.165 ベルサイユ条約

- 1914～1918 年, 三国同盟 の同盟国と, 三国協商 を中心とする連合国との戦い。
- 日本は, 日英同盟 に基づいて, ドイツに宣戦布告し, 連合国側で参戦。 総力戦 となり, 女性も兵器工場で働く。
  └第一次世界大戦後, 多くの欧米諸国では女性参政権を獲得

第20位 ウィルソン

関連 → p.163 国際連盟

- 「**十四か条の平和原則**」で, 民族自決 の原則などを唱えた, アメリカの大統領。
- ウィルソンの提案で, 国際連盟 が発足。

第21位 満州国

関連 → p.165 満州事変

- 1932 年, 清の最後の皇帝であった**溥儀**を元首とし, 日本が 満州 に建国した国。
  └のちに皇帝
- 日本からの**移民**が進められた。

第22位 平塚らいてう

関連 → p.168 青鞜社, p.169 社会運動

- 女性解放の運動家。 青鞜社 を結成。1920 年に**新婦人協会**を設立。
- 女性が 政治 **に参加する権利**を求める運動を本格化させた。

□□ 第23位

民本主義

関連 → p.168 吉野作造, p.171 大正デモクラシー

▶ 吉野作造 が主張した，政治に民衆の考えを反映させるべきという理論。
▶ 大正デモクラシー を理論的に支えた。

□□ 第24位

関東大震災

▶ 1923 **年9月1日**，東京・横浜（神奈川県）を中心に起こった大地震。
▶ 復興の中で，都市改造が行われ，**鉄筋コンクリート製**の建物が増えた。

□□ 第25位

五・四運動

関連 → p.171 二十一か条の要求

▶ 1919 **年5月4日**，北京 の学生集会をきっかけに広まった反日・反帝国主義運動。
▶ パリ講和会議で，二十一か条の要求 の取り消しの要求が無視されたことによる。

□□ 第26位

国際協調

関連 → p.162 ワシントン会議

▶ 第一次世界大戦 後，**国際連盟の発足**や ワシントン **会議**の開催など，**1920年代**にみられた国際社会の動き。

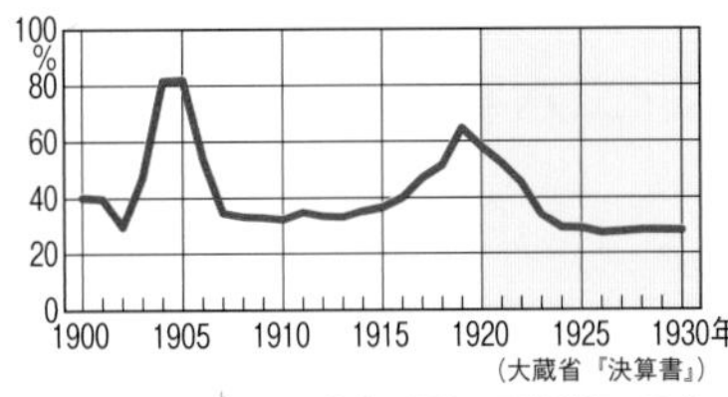

▲日本の財政に占める軍事費の推移 国際協調の時代になった1920年代，財政支出に占める軍事費の割合が低くなっている。

□□ 第27位

三国同盟

関連 → p.166 第一次世界大戦

▶ 1882年に結ばれた，**ドイツ**・**オーストリア・イタリア**の軍事同盟。

▶ **第一次世界大戦**では同盟国となる。
└イタリアは，オーストリアとの関係が悪化して連合国側で参戦

□□ 第28位

吉野作造

関連 → p.167 民本主義，
p.171 大正デモクラシー

▶ **民本主義**を唱え，普通選挙と政党政治の実現を訴えた。

▶ **大正デモクラシー**を理論的に支えた。

（国立国会図書館）

□□ 第29位

青鞜社

関連 → p.166 平塚らいてう

▶ **平塚らいてう**らが結成した文芸団体で，月刊雑誌「**青鞜**」を創刊。

> 元始，女性は実に太陽であった。真正の人であった。今，女性は月である。

▲青鞜社の宣言（一部）

□□ 第30位

新渡戸稲造

▶ **国際連盟**の設立時に，**事務局次長**となり，世界平和のためにつくした人物。

□□ 第31位

二・二六事件

▶ **1936**年**2月26日**，陸軍の青年将校らが大臣などを殺傷し，東京の中心部を一時占拠した事件。

▶ 以降，議会は無力化し，**軍部**は政治的な発言力を強めた。

暗記法　**ひどく寒い日 2月26日**
（1 9 36 … 二・二六事件）

第32位

日独伊三国同盟（にちどくいさんごくどうめい）

- 1940年，日本・**ドイツ**・**イタリア**の間で結ばれた軍事同盟。
- 1936年の**日独防共協定**，1937年の日独伊三国防共協定から発展。のちに枢軸（すうじく）国と呼ばれた。

第33位

桂太郎（かつらたろう）

- 明治・大正時代の軍人で，藩閥（はんばつ）の政治家。
- 1912年，首相となるが，議会を無視（むし）した態度をとったため，**第一次護憲（ごけん）運動**が起こり，退陣（たいじん）した。

第34位

中華民国（ちゅうかみんこく）

関連 → p.158 孫文

- 1912年，**辛亥（しんがい）** **革命**によって中国で成立した，アジアで最初の共和国。
- **孫文（そんぶん／スンウェン）**の死後，**蔣介石（しょうかいせき／チャンチェシー）**が率いる**国民党**が国民政府をつくる。

第35位

社会運動（しゃかいうんどう）

- 大正時代に活発になった，**労働** **運動**や**農民運動**，**女性運動**など。
- **1922年**，日本共産党が非合法で結成。
- 同年，京都で**全国水平社**が結成。
  └差別からの解放を目指す

第36位

三国協商（さんごくきょうしょう）

関連 → p.166 第一次世界大戦

- 1907年までに成立した，**イギリス**・**フランス**・**ロシア**の協力関係。
- **第一次世界大戦**では連合国となる。

第37位
ワイマール憲法

関連 → p.190 ワイマール憲法

- 1919年制定の ドイツ 共和国憲法。
- 男女普通選挙や人間らしく生きる権利（ 社会 **権**）を定めた民主的な憲法。

第38位
ソビエト社会主義共和国連邦（ソ連）

- 1922年に成立した，世界初の 社会主義 **国家**。
- **レーニン**のあとに指導者になった**スターリン**が，「 五か年計画 」を始めた。

第39位
日中戦争

- 1937年， 盧溝橋 **事件**をきっかけに始まった日本と中国との戦争。
- 蔣介石 の**国民党**と 毛沢東 の**共産党**が 抗日民族統一戦線 を結成。

第40位
治安維持法

- 1925 **年**，加藤高明内閣が**普通選挙法**の成立と同じ年に制定した法律。
- 共産 主義を取り締まる法律で，のちに対象が**社会運動**全体の取り締まりに拡大。

第41位
加藤高明

関連 → p.161 普通選挙法

- 明治・大正時代の政治家。
- 1924年，**第二次護憲運動**により，憲政会党首として首相となる。
- 1925 **年**， 普通選挙法 を成立させ，同年， 治安維持法 を制定する。

第42位 二十一か条の要求

関連 → p.166 第一次世界大戦, p.167 五・四運動

▶ 第一次世界大戦 中の**1915年**，日本が 中国 に示し，軍事力を背景にその大部分を認めさせた要求。

> 一　中国政府は，ドイツが山東省に持っている一切の権益の処分について，日本とドイツとの協定にまかせる。

▲二十一か条の要求（一部）

▶ 中国は，第一次世界大戦の講和会議（パリ講和会議）で要求の取り消しを求めたが，無視されたことから，1919年，五・四 **運動**が起こった。

第43位 大正デモクラシー

関連 → p.167 民本主義, p.168 吉野作造

▶ 大正 時代にさかんとなった，民主主義を求める風潮。

▶ 1912年の第一次護憲運動から始まり，**吉野作造**の 民本主義 が支えとなった。

第44位 大政翼賛会

▶ **1940年**，近衛文麿内閣の下で結成された組織。すべての 政党 ・政治団体が**解散**し，大政翼賛会に合流した。

第45位 ファシズム

▶ 個人の自由や民主主義を認めない 全体 **主義**的な独裁体制。

▶ イタリア，ドイツの ナチス など。

6 現代の日本と世界

必ずおさえる!　出るランク 

第1位 農地改革(のうちかいかく)

▶第二次世界大戦後,［マッカーサー］を最高司令官とする**連合国軍最高司令官総司令部**(［GHQ］)が行った,**経済の民主化政策**の1つ。

▶［地主］がもつ小作地を,［政府］が強制的に買い上げて,［小作人］に安く売りわたした。

▶1946年から行われた結果,［自作農］が増え,農村の民主化が進んだ。

	自作	自小作	小作
1930年	31.1%	42.4	26.5
1950年	62.3%	32.6	5.1

(農地改革)

▲農家の割合の変化

(「完結昭和国勢要覧ほか」)

関連 →p.175 財閥解体

第2位 沖縄の日本復帰(おきなわのにほんふっき)

▶第二次世界大戦後,沖縄は,［アメリカ］軍の直接統治の下に置かれた。

▶［1972］年5月,［佐藤栄作］内閣のときに,沖縄は日本に復帰した。

▶復帰後も,広大な［アメリカ］**軍基地**が沖縄に残された。騒音や事故など,多くの問題が発生している。

関連 →p.178 佐藤栄作

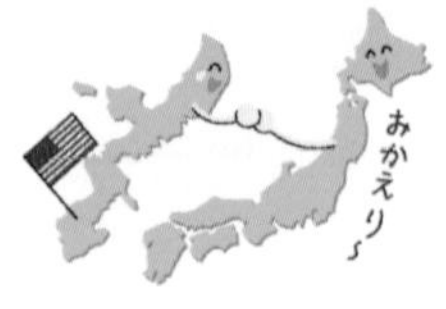

第3位 高度経済成長（こうどけいざいせいちょう）

- **1950年代後半〜1970年代初め**までの日本［経済］の急激な成長。
- 1968年，**国民総生産（GNP）**が資本主義国で**世界第2位**になる。（└アメリカに次ぐ）
- 国民の**所得**が増え，家庭電化製品や自動車が普及。
- 1964年，**東京**［**オリンピック・パラリンピック**］が開かれた。
- 負の側面…過密・過疎，［公害］問題の発生。
- 1973年の［石油危機］**（オイル・ショック）**によって終わる。

家庭電化製品が普及
1964年 東海道新幹線開通
1964年 東京オリンピック・パラリンピック開催

関連 →p.174 石油危機（オイル・ショック）

第4位 日ソ共同宣言（にっソきょうどうせんげん）

- ［1956］**年**，日本と［ソ連］の戦争状態の終了と，**国交の回復**を定めた宣言。
- ［鳩山一郎］内閣のときに調印。
- 同年，日本はソ連の支持も受けて，［国際連合］**に加盟**し，国際社会に復帰した。（└安全保障理事会の常任理事国の１つ）

日本、正式に国連へ加盟
総会、一致で可決
賛成七七、欠席二票
重光外相あいさつ

（1956年12月19日付朝日新聞）

▲国連加盟を伝える新聞記事

暗記法 日ソの国交断絶解くころだ（1956）

関連 →p.235 国際連合

第5位 冷たい戦争(冷戦)(つめたいせんそう〈れいせん〉)

- 第二次世界大戦後，アメリカを中心とする資本主義の西側陣営と，**ソ連**が率いる社会(共産)主義の東側陣営の厳しい対立状態。
- アメリカとソ連が，直接戦火を交えることはなかったが，朝鮮戦争や，**ベトナム戦争**などの代理戦争が起こった。
- 軍事同盟として，西側は**北大西洋条約機構**(NATO)，東側は**ワルシャワ条約機構**を結成。
- 1989年，ベルリン**の壁の崩壊**が起こり，マルタ**会談**で，アメリカとソ連の首脳が**冷戦の終結を宣言**した。

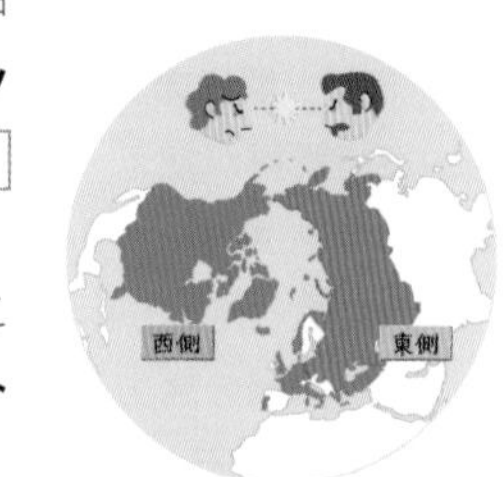

関連 → p.176 ベルリンの壁の崩壊，p.176 ベトナム戦争，p.177 朝鮮戦争，p.179 マルタ会談

第6位 石油危機(オイル・ショック)(せきゆきき)

- 1973年，第四次中東**戦争**の影響で，石油の価格が急上昇し，世界の経済が混乱したできごと。
- これをきっかけに，日本では高度経済成長が終わった。

いくつも波来た石油危機
1 9 73

(毎日新聞社)
▲石油危機で買い占めをする消費者

関連 → p.173 高度経済成長

地理
歴史
公民

第7位 日中共同声明（にっちゅうきょうどうせいめい）

▶ 1972 年に出された，日本と 中国 の国交を正常化した声明。
└中華人民共和国

（毎日新聞社）
▲日中の友好の記念として中国からおくられたパンダ

▶ 田中角栄（たなかかくえい）首相が，中国を訪問して調印。
▶ 1978 年には 日中平和友好 **条約**が結ばれて，中国との関係が深まった。

第8位 財閥解体（ざいばつかいたい）

▶ **連合国軍最高司令官総司令部**（GHQ）が行った**経済の民主化政策。**
▶ 第二次世界大戦前の日本経済を支配していた三井（みつい）・三菱（みつびし）・安田（やすだ）などの 財閥 **が解体された。**

第9位 サンフランシスコ平和条約（サンフランシスコへいわじょうやく）

▶ 1951 年に結ばれた，第二次世界大戦の 講和 条約。
└日本と連合国との
▶ 日本の首席全権の 吉田茂（よしだしげる） が，アメリカなど 48 か国と調印した。
▶ 1952 年 4 月，条約が発効（はっこう）して，日本は 独立 を回復した。
▶ この条約と同時に，アメリカと 日米安全保障（にちべいあんぜんほしょう） **条約（日米安保（あんぽ）条約）**を結んだ。

関連 →p.178 吉田茂，p.179 日米安全保障（日米安保）条約

よく出る！ 出るランク 

第10位 アジア・アフリカ会議（アジア・アフリカかいぎ）

- 1955 年，インドのネルー首相などの提案で，インドネシアの バンドン で開かれた会議。
- 第二次世界大戦後に独立した，アジアやアフリカ地域の 29 か国が参加し，**平和共存**を訴え，**冷戦**下の緊張緩和を促した。

アジア・アフリカ地域で，初めて開催された国際会議だよ。

第11位 ベルリンの壁の崩壊（ベルリンのかべのほうかい）

- 1961 年に東ドイツによって西**ベルリン**を取り囲むように築かれた壁が，1989 年，東ヨーロッパ諸国で民主化運動が高まる中で，市民によって取り壊されたできごと。
- 1990 年，東西ドイツ が**統一**した。

(Ullstein bild／アフロ)

関連 →p.174 冷たい戦争（冷戦）

第12位 ベトナム戦争（ベトナムせんそう）

- ベトナム の内戦に 1965 年から アメリカ が本格的に介入して激化した戦争。
  （中国やソ連が支援する北ベトナムと，アメリカが支援する南ベトナムとの内戦）
- 世界各地でベトナム 反戦運動 が高まった。
- 1973 年にアメリカは撤退し，1976 年に南北ベトナムが統一。

地理
歴史
公民

第13位 バブル経済（バブルけいざい）

▶ 1980年代後半 に発生した，投機によって 株式 と土地の価格が，泡（バブル）がふくらむように異常に高くなった不健全な好況。

▶ 1991 年に崩壊し，日本経済は，長い不況におちいった。

（毎日新聞社）
▲地価の高騰で地上げされた土地

第14位 朝鮮戦争（ちょうせんせんそう）

▶ 韓国（大韓民国） と北朝鮮（朝鮮民主主義人民共和国）との戦争。

▶ 冷戦 を背景に1950年開戦。1953年休戦。

▶ 日本は 特需 景気となり，敗戦からの経済復興が早まった。
（特需：朝鮮特需ともいう）

暗記法 行く号令出た朝鮮戦争（1 9 5 0）

関連 → p.174 冷たい戦争（冷戦）

第15位 北方領土（ほっぽうりょうど）

関連 → p.26 北方領土

▶ 北海道の北東にある 択捉 島，国後島，色丹島，歯舞群島。

▶ 日本固有の領土だが，第二次世界大戦後，ソ連に占領され，ソ連崩壊後はロシア連邦が不法に占拠を続けている。

差がつく！ 出るランク 

□□ 第16位

吉田茂

関連 → p.175 サンフランシスコ平和条約

▶ 1951年，サンフランシスコ平和条約を首席全権として調印した，内閣総理大臣（首相）。
└5回にわたり，内閣を組織

□□ 第17位

教育基本法

▶ 1947年に制定された，民主主義教育の基本を示した法律。教育の機会均等，**男女共学**，義務教育などを定めた。

□□ 第18位

非核三原則

▶ 核兵器を「もたず，**つくらず，もちこませず**」という日本の方針。

▶ 1971年，佐藤栄作内閣の下で，国の方針として決議された。

□□ 第19位

佐藤栄作

関連 → p.172 沖縄の日本復帰

▶ 日韓基本**条約**や沖縄**の日本復帰**のときの内閣総理大臣（首相）。
└1965年 └1972年

▶ 非核三原則を提唱したことから，1974年に**ノーベル平和賞**を受賞した。

□□ 第20位

環境庁の設置

▶ 高度経済成長期に深刻化した公害問題に対応するために，**1971年**に設置された行政機関。
└1967年に公害対策基本法を制定

▶ 2001年の中央省庁再編によって，環境省となった。

□□ 第21位

マルタ会談

関連 → p.174 冷戦（冷たい戦争）

▶ 1989 年 12 月，アメリカとソ連の首脳による地中海のマルタ島での会談。

▶ 冷戦の終結 を宣言した。

冷戦は終わったけれど……。

□□ 第22位

日米安全保障条約（日米安保条約）

関連 → p.175 サンフランシスコ平和条約

▶ 1951 年， サンフランシスコ平和 **条約**の調印と同時に，日本と アメリカ が結んだ条約。

▶ この条約により，独立後も，アメリカ軍の 基地 が日本国内に残ることになった。

▶ 1960 年の改定の際には， 安保闘争 が起こった。
└激しい反対運動

□□ 第23位

アフリカの年

▶ ヨーロッパの**植民地**であったアフリカで，17 の国が独立した 1960 **年**のこと。

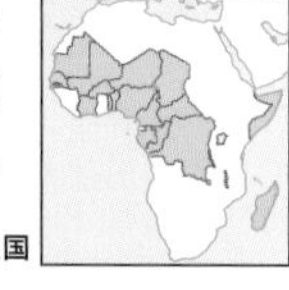

▶ 1960 年の独立国

□□ 第24位

女性参政権

▶ 1945 年， GHQ の民主化政策によって，
連合国軍最高司令官総司令部
満 20 歳以上の男女 に**選挙権**が与えられた。

▶ 1946 年の選挙で，初の女性国会議員が誕生した。

（毎日新聞社）

▲ 1946 年の選挙の様子

PLUS 1 よく出る史料をチェック！

歴史では，法令などの史料の内容を理解していることも大切。本文で取り上げた史料のほか，重要なものを掲載したので，確認しておこう。

十七条の憲法（604年）

一に曰く，和をもって貴しとなし，さからふ（争う）ことなきを宗とせよ。
二に曰く，あつく三宝を敬へ。三宝とは仏・法（仏教の教え）・僧なり。
三に曰く，詔（天皇の命令）をうけたまはりては必ずつつしめ。

● 聖徳太子が示した 役人 の心構え。 仏教 や儒教の考え方を取り入れた。

分国法（戦国時代）

一　家臣が自分勝手に他国より嫁や婿を取ること，他国へ娘を嫁に出すことを今後は禁止する。　（『今川仮名目録』）

● 戦国 大名が領国支配のために，独自に定めた法令。

公事方御定書（1742年）

一　人を殺しぬすんだ者　引き回しの上獄門
一　追いはぎをした者　獄門

● 江戸時代，徳川吉宗が享保の改革で 裁判 の基準を示すために定めた法律。

大日本帝国憲法（1889年）

第1条　大日本帝国ハ万世一系ノ天皇之ヲ統治ス
第11条　天皇ハ陸海空軍ヲ統帥ス
第20条　日本臣民ハ法律ノ定ムル所ニ従イ兵役ノ義務ヲ有ス

● 伊藤博文 が君主権の強いドイツなどの憲法を参考に草案を作成した。

公民

1 現代社会

必ずおさえる! 出るランク 

 第1位 効率と公正(こうりつとこうせい)

▶ **効率**とは,時間や労力の 無駄(むだ) を省くこと。

▶ **公正**とは,誰(だれ)にとっても**手続きや機会・結果**が 公平 であること。

くわしく 対立が起こったときには,効率や公正の観点を用いて,合意に導く必要がある。

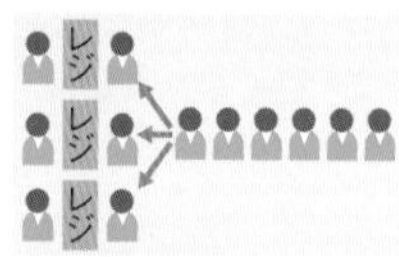

▲並び方の効率と公正
空いているレジができず(効率),並んだ順に会計できる(公正)並び方。

関連 → p184 合意

 第2位 少子高齢化(しょうしこうれいか)

▶ 子ども の数が減少し,人口に占(し)める 高齢者 の割合が増えること。
└65歳以上の人

▶ 少子化 の背景は,合計特殊出生率(とくしゅしゅっしょう)の低下や,未婚率(みこんりつ)の上昇。

▶ 労働力が不足し,**国民一人あたりの年金などの負担**が 重く なる。

関連 → p225 社会保障関係費

 第3位 情報リテラシー(じょうほうリテラシー)

▶ 大量の情報の中から,自分に必要な情報を選び,正しく 活用 する力。

▶ 情報を正しく利用する態度である,情報 モラル も必要。

関連 → p208 メディアリテラシー

第4位 核家族（かくかぞく）

▶ 核家族世帯とは，親と子ども，あるいは夫婦だけの世帯。世帯全体の約半数を占める。

▶ 一人暮らしの単独世帯が，近年，増加している。

	核家族世帯	その他の親族世帯	非親族世帯	単独世帯
1990年 4067万世帯	59.6%	17.2	0.2	23.0
2020年 5570万世帯	54.2%	6.8	0.9	38.1

（令和2年「国勢調査」ほか）

▲日本の家族形態の変化

第5位 年中行事（ねんちゅうぎょうじ）

▶ 2月の節分，5月の端午の節句，7月の七夕，11月の七五三など，毎年，同じ時期に行われる行事。

▶ **季節の変化**とかかわりが深い行事が多い。

第6位 インターネット

▶ 世界中のコンピューターなどの情報機器をつないだネットワーク。

関連 →p184 デジタル・デバイド

第7位 少数意見の尊重（しょうすういけんのそんちょう）

▶ 多数決で物事を決定する前に，**少数の意見**を十分に聞いて尊重することが大切である。

よく出る！　出るランク

第8位 デジタル・デバイド

▶情報通信技術（ ICT ）を利用できる人とできない人の間に生じる格差。

▶ 情報格差 ともいう。

関連 → p183 インターネット

第9位 合意（ごうい）

▶意見が 対立 したとき，話し合いや交渉（こうしょう）などを通じて，互（たが）いに納得できる解決策に導くこと。

関連 → p182 効率と公正

第10位 国際分業（こくさいぶんぎょう）

▶それぞれの国が得意なものを生産し，不足するものを 貿易 によって交換（こうかん）し合うこと。

第11位 持続可能な社会（じぞくかのうなしゃかい）

▶現在の世代と 将来 の世代の幸福とを 両立 させる社会。

▶開発と 環境保全（かんきょうほぜん） の調和が重要。

今のことだけ考えていてはダメなんだ。

関連 → p233 持続可能な開発目標（SDGs）

□□ 第12位 グローバル化（グローバルか）

▶ 世界が結びつきを強め，**一体化**する動き。

▶ 人・もの・お金・**情報**などが，国境を越えてさかんに行き来する。

▶ 航空機や船などの交通機関，**情報通信技術（ICT）**の発達など。

▶ 人の移動がさかんになり，日本では，**訪日外国人観光客**や，外国人労働者が増加している。

くわしく　グローバル化の影響により，日本では，輸入農産物が増え，食料自給率の低下が課題となっている。

□□ 第13位 社会的存在（しゃかいてきそんざい）

▶ 人は，**家族**や学校，**地域社会**などのさまざまな**社会集団**に属し，協力しながら生活していることから，**社会的存在**といわれる。

□□ 第14位 人工知能（AI）（じんこうちのう〈エーアイ〉）

▶ 推論，判断などの**人間の知能**の一部を，**コンピューター**上で実現したもの。

▶ **ビッグデータ**といわれる膨大なデータを分析・活用することもある。

▶ AI機能を備えた家電製品や，自動会話プログラム（チャットボット）などが広まりつつある。

地理　歴史　公民

2 人権の尊重と日本国憲法

必ずおさえる! 出るランク 

第1位 公共の福祉(こうきょうのふくし)

▶社会全体の 利益(幸福) 。

▶人権と人権が衝突したときに,社会生活のために制限される人権がある。

くわしく 他人の名誉を傷つける行為の禁止(刑法)や,財産権による土地所有権と道路などの公共施設建設のための立ちのきなどの制限例がある。

第2位 憲法改正(けんぽうかいせい)

▶国会が各議院の**総議員**の 3分の2 以上の賛成で発議する。

▶**満18歳以上**の国民による 国民投票 で,有効投票の 過半数 が賛成の場合に承認→**天皇**が国民の名で**公布**する。

第3位 生存権(せいぞんけん)

▶**健康で文化的な** 最低限度 **の生活を営む権利**のことで, 社会権 の基礎となる権利。

▶**日本国憲法第** 25 **条**に定められている。

関連 →p187 社会権

第4位 プライバシーの権利（プライバシーのけんり）

- **新しい人権**の１つで，[個人]の**私生活に関する情報**を公開されない権利。
  └日本国憲法に明記されていない
- **インターネット**の発達により，プライバシーの侵害（しんがい）などの人権侵害の件数が増加している。
- 国は[個人情報保護法]を制定。

第5位 社会権（しゃかいけん）

- **生存権**など，[人間]らしい生活の保障を求める権利。

基本的人権の種類
自由・平等の社会に賛　成
自由権　平等権　社会権　参政権　請求権

関連 →p186 生存権

第6位 法の支配（ほうのしはい）

- 政治は，権力者による[人]**の支配**ではなく，国民が制定した[法]**の支配**に基（もと）づいて行われる必要がある。
- 法によって，**政治権力を制限**し，**人権を保障する**。

関連 →p196 立憲主義

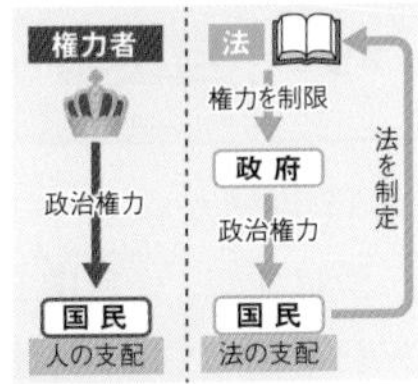

▲人の支配と法の支配

第7位 知る権利(しるけんり)

▶国民が，国や地方公共団体に情報の公開を求める権利。
└地方自治体

▶国は情報公開法，地方公共団体は**情報公開条例**など，**情報公開制度**を整えている。

注意：情報の公開を求める権利は，知る権利。情報を公開されない権利は，プライバシーの権利。

第8位 国民主権(こくみんしゅけん)

▶国の政治のあり方を決める主権が，国民にあること。

▶日本国憲法の**3つの基本原理**の1つで，**前文**や**第1条**に明記されている。

▶国民主権を実現するため，主権をもつ国民が選挙で選んだ**代表者**を通じて，国会で政治について決定する**議会制民主主義**が採られている。

国民主権
基本的人権の尊重
平和主義

▲日本国憲法の3つの基本原理

第9位 自由権(じゆうけん)

▶17世紀から18世紀の近代革命で保障された，国から制約(せいやく)を受けずに，自由に**行動する**権利。

▶日本国憲法は，**身体の自由**，**精神の自由**，**経済活動の自由**を保障。
└生命・身体の自由　└精神活動の自由

関連 →p189 経済活動の自由，p194 身体の自由，p197 精神の自由

第10位 世界人権宣言（せかいじんけんせんげん）

▶ 1948年に 国際連合 の総会で採択された，基本的人権 の保障の国際的な模範を示した宣言。

▶ 世界人権宣言に**法的拘束力**をもたせるため，1966年に 国際人権規約 が採択された。

第11位 表現の自由（ひょうげんのじゆう）

▶ **自由権**の1つである，精神（精神活動の自由） **の自由**に含まれ，**自分の考え**を 発表 する自由。

▶ **プライバシーの権利**や**肖像権**など，他の人の利益や権利から，公共の福祉 によって制限を受けることがある。

個人の尊重の観点から，表現の自由とプライバシーの権利の関係を押さえておこう。

関連 →p197 精神の自由

第12位 経済活動の自由（けいざいかつどうのじゆう）

▶ **自由権**の1つ。

▶ **居住・移転・** 職業選択 **の自由**，財産権 **の保障**など。

▶ 行きすぎると，不公平な社会になる可能性があるため，精神の自由や身体の自由に比べ，公共の福祉 による制限を受けやすい。

関連 →p188 自由権，p197 職業選択の自由

地理 歴史 公民

よく出る! 出るランク 

第13位 国事行為(こくじこうい)

- 日本国憲法に定められた 天皇 が行う**形式的・儀礼的**な行為。
- 憲法改正や法律の 公布 ，内閣総理大臣の**任命**や衆議院の解散などを， 内閣 **の助言と** 承認 に基づいて行う。

関連 →p191 天皇

第14位 ワイマール憲法(ワイマールけんぽう)

- 1919年に制定された ドイツ の憲法。（└ドイツ共和国憲法）
- 国民主権，普通選挙のほかに，人間らしい生活を求める（ 社会(生存) **権**）を，世界で初めて保障した。

関連 →p186 生存権，p195 人権思想，p170 ワイマール憲法

……経済生活の秩序は，すべての人に人間に値する生存を保障することを目指す……

▲ワイマール憲法　第151条

第15位 法の下の平等(ほうのもとのびょうどう)

- 平等 **権**の原則の1つ。
- **日本国憲法第** 14 **条**①に明記されている。
- すべて国民は，法の下に平等であることを確認し，**人種，信条，性別，社会的身分**又は**門地**などで 差別 されない。（└家がらや生まれ）

平等権
- 法の下の平等(第14条)
- 個人の尊厳と両性の本質的平等(第24条)
- 政治上の平等(第15条・第44条)

▲平等権の原則

□□ 第16位　自己決定権（じこけっていけん）

▶ **新しい人権**の１つ。

▶ 個人が［自分］の生き方などを［自由］に決定する権利。

▶ 医療の分野では，医療行為に対する説明と同意を意味する［インフォームド・コンセント］が求められるようになった。

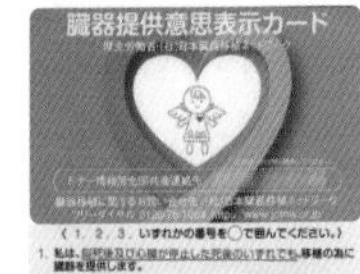

（朝日新聞社／PPS通信社）

▲臓器提供意思表示カード

□□ 第17位　幸福追求権（こうふくついきゅうけん）

▶ **日本国憲法第**［13］**条**に定められている権利。

▶ 憲法**第25条**の**生存権**とともに，［新しい人権］**の法的根拠**となる条文である。

> ……生命，自由及び幸福追求に対する国民の権利については，公共の福祉に反しない限り，立法その他の国政の上で，最大の尊重を必要とする。

▲日本国憲法　第13条

□□ 第18位　天皇（てんのう）

▶ **日本国や日本国民統合の**「［象徴］」。

▶ **内閣の助言と承認**に基づいて，憲法に定められた［国事行為］を行う。

▶ ほかに式典への参加，被災地への訪問などを行う。

関連 → p190 国事行為

（朝日新聞社／PPS通信社）

▲国会の開会を宣言する天皇

第19位 環境権（かんきょうけん）

- **新しい人権**の1つで，社会の変化に伴って主張されるようになった。
  └1960年代に公害が深刻化
- **人間らしい生活**ができる環境を求める権利で，**日照権**などがある。
- 環境保全のために，1993年に**環境基本法**が制定された。
- 大規模な開発事業を実施する前に，**環境アセスメント**（**環境影響評価**）が義務付けられている。
  └開発事業者が事前に環境への影響を調査する

関連 →p196 日照権，p229 環境アセスメント（環境影響評価）

第20位 団結権（だんけつけん）

- **社会権**の1つで，労働者が**労働組合**を結成する権利。
- 日本国憲法**第28条**では，労働者の権利として，**団結権**，**団体交渉権**，**団体行動権**（**争議権**）の**労働基本権**（**労働三権**）を保障している。

関連 →p193 団体行動権，p197 団体交渉権

第21位 モンテスキュー

- 18世紀の**フランス**の人権思想家。
- **『法の精神』**で**三権分立**（権力分立）を主張。

暗記法
三権分立とモンテスキュー
三軒　訪　問
三権分立　「法の精神」　モンテスキュー

アメリカ合衆国憲法やフランス人権宣言に，大きな影響を与えたよ。

関連 →p195 人権思想，p211 三権分立（権力分立）

第22位 団体行動権（だんたいこうどうけん）

▶ **社会権**の１つで，労働者が，労働条件の改善要求を認めさせるために，ストライキなどを行う権利で，争議権ともいう。

▶ **労働基本権（労働三権）**として，**団結権，団体交渉権**と合わせて保障されている。

関連 →p192 団結権，p197 団体交渉権

第23位 バリアフリー

▶ 障がいのある人や高齢者が安全・快適に暮らせるように，**障壁（バリア）を取り除こうとする考え方。**

▶ 公共交通機関や建物で，段差の解消など。

▶ さまざまな違いを認めて，みんなで支え合うインクルージョンの実現が求められている。

▲車いす対応の駅のホームドア
（ピクスタ）

関連 →p196 ユニバーサルデザイン

第24位 教育を受ける権利（きょういくをうけるけんり）

▶ **社会権**の１つで，すべての子どもが，学校で学習するための権利。

▶ 教育基本法で教育の機会均等を定め，義務教育を無償としている。

▶▶ 差がつく! ◀◀ 出るランク 

第25位 個人の尊重

▶一人ひとりの人間を，かけがえのない 個人 として扱う考え方。

▶**日本国憲法第 13 条**に，「**すべて国民は，個人として 尊重 される。**」と明記。

▶憲法**第 14 条**の「**法の下の平等**」とともに， 基本的人権 を保障する考え方。

第26位 子ども（児童）の権利条約

▶ 子ども の人権の国際的な保障を目指した条約。

▶1989 年， 国際連合 の**総会**で採択され，日本は 1994 年に批准した。

▶日本では，子どもの権利を守るために，2022 年に「**こども基本法**」が制定された。（2023 年 4 月に施行）

生きる権利
守られる権利
育つ権利
参加する権利

▲子どもの権利

第27位 身体の自由

（生命・身体の自由）

関連 → p188 自由権

▶ 自由権 の 1 つで，正当な理由なく，身体を拘束されない自由。

▶ 奴隷的 **拘束および苦役からの自由**，**法定手続きの保障**，**不当な逮捕の禁止**など。

日本国憲法の中で，「絶対に禁止する」と明記されているのは，拷問及び残虐な刑罰だけだよ

□□ 第28位

男女雇用機会均等法

▶ 雇用 の分野において，男女を平等に扱うことを定めた法律。

▶ 1979年に国際連合で採択された 女子差別撤廃条約 の批准を受けて，1985年に制定された。

□□ 第29位

平和主義

▶ 日本国憲法 の **3つの基本原理**の1つで，世界の恒久平和を求める考え。

▶ 憲法**前文**で，国際協調主義を宣言。

▶ **憲法第** 9 **条**で， 戦争の放棄 ，**戦力の不保持**，**交戦権の否認**を定めている。

□□ 第30位

ルソー

▶ 18世紀の フランス の人権思想家。

▶『社会契約論』を著し，社会契約説による 人民主権 を唱えた。

□□ 第31位

人権思想

関連 → p190 ワイマール憲法

▶ 17世紀以降， ロック ，**モンテスキュー**，**ルソー**らが主張して広まった，人権に関する考え方。

▶ **アメリカ** 独立宣言 や， フランス **人権宣言**で， 自由権 や**平等権**が保障された。

□□ 第32位

日照権（にっしょうけん）

関連 →p192 環境権

▶住居への 日当たり の確保を求める権利。

▶新しい人権で，良好な環境を求める権利である 環境権 に含まれる。

（ピクスタ）

▲日照権を考えて建てられたマンション

□□ 第33位

ユニバーサルデザイン

関連 →p193 バリアフリー

▶ 言語 ，性別や年齢，障がいの有無に関わらず，誰もが利用しやすいように工夫したデザイン。

（ピクスタ）

▲ピクトグラムの案内板

注意：バリアフリーは，高齢者や障がいのある人を対象にしているが，ユニバーサルデザインは，すべての人を対象としている。

□□ 第34位

立憲主義（りっけんしゅぎ）

関連 →p187 法の支配

▶ 憲法 によって**政治権力を制限**し，**人権を保障**しようとする考え。

▶憲法は**国の** 最高法規 であり，憲法に違反する法律や命令は無効となる。

□□ 第35位

学問の自由（がくもんのじゆう）

関連 →p197 精神の自由

▶**自由権**の１つで， 精神 **の自由**に含まれる。（└精神活動の自由）

▶学問の研究や，その成果の発表について，他者から干渉や制限を受けない自由。

第36位

職業選択の自由

関連 → p189 経済活動の自由

- **自由権**の１つである 経済活動 **の自由**に含まれる。
- 職業 を自由に選ぶことを保障。
- ほかの自由権と比べ，「 公共の福祉 」による制限を受けやすい。
  └例：医師免許がなければ医師になれない

第37位

精神の自由

関連 → p188 自由権，p189 表現の自由，p196 学問の自由

- 自由権 の１つで，人間の心の中の自由や，それを表現する自由。
- **思想・** 良心 **の自由，信教の自由，学問の自由，** 集会 **・結社の自由，表現の自由**などがある。

第38位

男女共同参画社会基本法

- 1999年に制定された，**男女が** 対等 **な立場**で活躍できる社会をつくることを目指した法律。
- **男女** 共同参画 **社会**の実現のために，**育児・介護休業法**などを整備。

第39位

団体交渉権

関連 → p187 社会権，p192 団結権，p193 団体行動権

- 社会権 の１つである**労働基本権（労働三権）**の１つ。
- 労働者が， 労働組合 などを通じて，**使用者側と労働条件について交渉する権利。**
  └事業主

3 現代の政治と社会

必ずおさえる！ 出るランク 

第1位 裁判員制度（さいばんいんせいど）

▶ 司法 制度改革により，2009 年から開始。

▶ **満 18 歳以上**の 国民 の中から選ばれた**裁判員**が 刑事 **裁判**で，裁判官とともに**被告人の有罪・無罪や刑の内容**を決める。

くわしく　裁判員裁判は，殺人などの重大な犯罪の刑事裁判の第一審のみである。

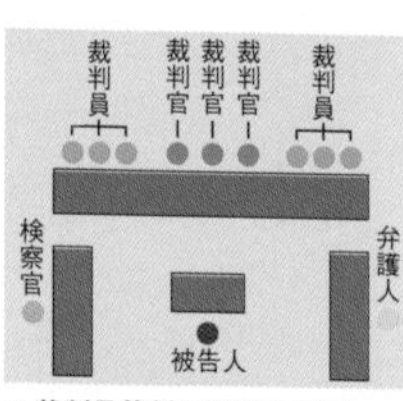

▲裁判員裁判の法廷のようす

関連 → p200 刑事裁判

第2位 衆議院の優越（しゅうぎいんのゆうえつ）

▶ いくつかの議決で，**衆議院が参議院より** 優先 されていること。

衆議院の議決が優先されるもの	法律案の議決，予算の議決，条約の承認，内閣総理大臣の指名
衆議院のみに認められるもの	予算の先議，内閣の信任・不信任の決議

▶ 衆議院で可決した法律案を，参議院が異なる議決をした場合，衆議院で 出席 **議員の** 3 分の 2 **以上の賛成**で再び可決したときは，法律になる。

▶ 衆議院は，参議院より**任期が短く** 解散 もあるため，**国民の意見をより反映している**と考えられている。

関連 → p209 内閣不信任の決議

第3位 地方交付税交付金（ちほうこうふぜいこうふきん）

▶ **地方財政**の［歳入（さいにゅう）］の1つ。
▶ 地方公共団体間の**財政**［格差］**を抑える**ために，［国］から配分されるお金。
▶ ［自主財源］（地方税など）**の収入が少ない地方公共団体**に多く配分される。

	地方税	地方交付税交付金	国庫支出金	地方債	その他
東京都 9兆547億円	58.5%		13.5	5.4	22.6
鳥取県 3890億円	17.4%	35.7	24.4	12.9	9.6

（2020年度）（「データでみる県勢2023」）

▲東京都と鳥取県の歳入の内訳

関連 → p202 国庫支出金，p204 地方税

第4位 一票の格差（いっぴょうのかくさ）

▶ 選挙区ごとの［議員］**一人あたりの有権者数**に差があることで，［一票の価値］**（投票価値）**に差が生じる問題。
▶ 一票の格差を改善するために，**公職選挙法**が改正された。

関連 → p209 公職選挙法

第5位 比例代表制（ひれいだいひょうせい）

▶ **各**［政党］**の得票数（とくひょうすう）**に応じて**議席を配分する**選挙制度。
▶ **衆議院議員**や［参議院］**議員**の選挙で導入されている。
▶ 落選した候補者や政党に投じられた［死票（しひょう）］は少ないが，多くの政党が分立しやすく，物事を決めにくくなる傾向がある。

関連 → p210 小選挙区比例代表並立制

第6位 地方自治（ちほうじち）

▶ 住民 が自らの意思と責任で，地域の政治を行うこと。
▶ 地方自治は，「民主主義の 学校 」と呼ばれている。

第7位 刑事裁判（けいじさいばん）

▶ 殺人などの犯罪について裁く裁判。 検察官 が罪を犯した疑いのある被疑者を， 被告人 として裁判所に起訴する。
▶ 裁判官や裁判員が，有罪か無罪かを決め，判決を下す。
└重大な犯罪についての刑事裁判の第一審のみ

関連 → p198 裁判員制度，p206 検察官

第8位 衆議院の解散（しゅうぎいんのかいさん）

▶ 衆議院議員 全員に，任期満了前に身分を失わせること。
▶ 議院内閣制において， 内閣 が国会（衆議院）に対してもつ権限。

関連 → p209 内閣不信任の決議，p206 内閣

第9位 特別会（特別国会）（とくべつかい）

▶ 衆議院解散後の総選挙の日から 30 日以内に召集される国会。
▶ 召集後，内閣が総辞職し，衆議院と参議院で 内閣総理大臣 の指名の決議が行われる。
└衆議院の優越がある

関連 → p203 内閣総理大臣の指名，→ p205 国会

第10位 小選挙区制（しょうせんきょくせい）

▶ **衆議院議員選挙**で採用されている，**1つの選挙区から** 1 **人の代表者を選ぶ**選挙制度。 死票 が多くなる。

関連 → p210 小選挙区比例代表並立制

第11位 直接請求権（ちょくせつせいきゅうけん）

▶ 地域の住民が， 署名 を集めて，**首長や議員の解職請求**（ リコール ）などを行う権利。

▶ 人々が直接話し合いに参加する 直接民主制 の考えを取り入れている。

種類	必要な署名数	請求先
条例の制定・改廃の請求	有権者の 50分の1 以上	首　長
監査請求		監査委員
首長・議員の解職	有権者の 3分の1 以上	選挙管理委員会
議会の解散		

▲直接請求権の種類と内容

関連 → p202 条例，p207（条例に基づく）住民投票

第12位 議院内閣制（ぎいんないかくせい）

▶ 内閣が，**国会の** 信任 **に基づいて成立し，** 国会 **に対して連帯して責任を負う**しくみ。

▶ **内閣総理大臣**は， 国会議員 の中から，国会が指名し， 国務大臣 **の過半数**は国会議員の中から選ばれる。

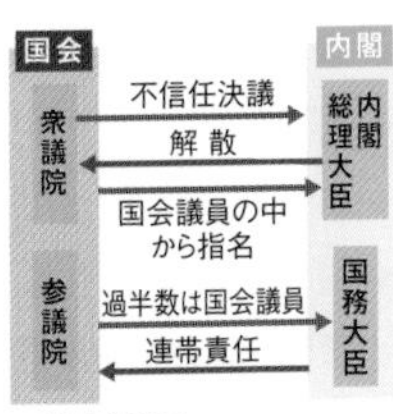

▲議員内閣制

関連 → p200 衆議院の解散，p209 内閣不信任の決議

第13位 国庫支出金（こっこししゅつきん）

- **地方財政**の **歳入**（さいにゅう） の1つで，義務教育や公共事業などの**特定の仕事の費用の一部を** **国** **が負担する**（ふたん）お金。

関連 → p199 地方交付税交付金

第14位 条例（じょうれい）

- **地方議会** が**法律の範囲内**（はんい）で定める決まりで，その **地方公共団体** のみで適用される。
- **条例の制定・改廃の請求**（かいはい）は，有権者の **50** **分の1以上**の署名（しょめい）を集めて， **首長**（しゅちょう） に請求する。

関連 → p207 住民投票，p210 地方公共団体

第15位 両院協議会（りょういんきょうぎかい）

- 衆議院と **参議院** の議決が異なった場合，**両院の意見を調整するため**に開かれる会議。
- **予算** の議決， **条約** の承認（しょうにん），**内閣総理大臣の指名**で，衆議院と参議院の議決が異なった場合は，必ず開かれる。
- 両院協議会でも意見が一致（いっち）しない場合， **衆議院の優越**（ゆうえつ） により，**衆議院の議決が国会の議決となる**。

関連 → p198 衆議院の優越

▶▶ よく出る！ ◀◀ 出るランク 

第16位 内閣総理大臣の指名（ないかくそうりだいじんのしめい）

▶ 国会議員 の中から**国会**が**内閣総理大臣を指名**し，天皇 が**任命**する。

▶ 衆議院と参議院で異なる人を指名した場合，両院協議会 でも意見が一致しないときは，衆議院の優越 により，**衆議院の議決が優先される。**

関連 → p202 両院協議会，p198 衆議院の優越

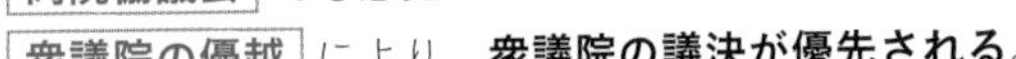

第17位 国民審査（こくみんしんさ）

▶ 最高 **裁判所**の裁判官が職務に適切な人物かどうかを，国民 が判断する制度。
└任命後最初の総選挙の際などに行われる

第18位 違憲立法審査権（いけんりっぽうしんさけん）

▶ **国会**でつくられた**法律**や，**内閣**が行った**命令**などが 憲法 に違反していないかどうかを審査する，裁判所 がもつ権限。

▶ **違憲審査権**，**法令審査権**ともいう。

▶ 最高 **裁判所**は，最終的な決定権をもつため，「憲法の番人」と呼ばれる。

関連 → p212 憲法の番人

地理 歴史 公民

□□ 第19位 普通選挙（ふつうせんきょ）

▶ **納税額や性別**などにかかわらず，一定の **年齢**（ねんれい） 以上のすべての国民による選挙。
└かつては，納税額によって選挙権が制限されたり，女性に選挙権が認められなかったりした

▶ 日本では，**満 18 歳**（さい）**以上**の男女に選挙権を保障している。

□□ 第20位 地方税（ちほうぜい）

▶ 地方公共団体が **住民** から集める税金。

▶ 地方公共団体が独自に集める **自主財源** の1つ。

□□ 第21位 被選挙権（ひせんきょけん）

▶ 選挙に **立候補** できる権利（資格）。

▶ 衆議院議員，市（区）町村長，地方議会の議員は**満 25 歳以上**，参議院議員，都道府県知事は**満 30 歳以上**。

□□ 第22位 控訴（こうそ）

▶ **第一審**（しん） の判決（はんけつ）に不服な場合，上級の裁判所に訴（うった）えること。

▶ 刑事裁判や民事裁判で，第一審が **地方** **裁判所**の場合， **高等** **裁判所**に控訴する。

関連 → p207 上告（じょうこく），p213 三審制（さんしんせい）

□□ 第23位 二元代表制（にげんだいひょうせい）

▶ 地方公共団体の住民が，地方議員と首長（しゅちょう）を直接選挙によって選ぶ制度。
└都道府県知事，市(区)町村長

□□ 第24位 国会（こっかい）

▶ 国民の**直接選挙**で選ばれた国会議員によって構成される。
▶ **国権の**最高**機関。**
▶ 国の唯一（ゆいいつ）の立法**機関。**
▶ 日本では二院制が採られ，衆議院と参議院の2つの議院で構成される。
└両院制ともいう

衆議院		参議院
465名	議員数	248名
4年	任期	6年
ある	解散	ない
満25歳以上	被（ひ）選挙権	満30歳以上

▲衆議院と参議院
参議院は3年ごとに半数改選。

□□ 第25位 地方裁判所（ちほうさいばんしょ）

▶ 下級**裁判所**の1つで，一部の事件をのぞく**第一審**と，**民事裁判**において，簡易（かんい）**裁判所**から**控訴**された**第二審**の裁判を行う。

関連 → p213 三審制

□□ 第26位 首長（しゅちょう）

▶ 地方公共団体（地方自治体）の執行（しっこう）機関の長。
▶ **都道府県**知事と市（区）町村長を指す。

第27位 内閣（ないかく）

- 内閣総理大臣 （首相）とその他の**国務大臣**で構成される。
- 国の 行政 機関の仕事を指揮・監督する。
- 仕事の方針は， 閣議 を開いて決める。決定は**全会一致**が原則。

第28位 検察官（けんさつかん）

- 刑事事件で警察と協力して捜査活動を行い， 被疑者 を**被告人**として裁判所に 起訴 するかどうかを決める。
- 刑事裁判では，証拠に基づいて有罪を主張し，刑罰を求める。

関連 → p200 刑事裁判

第29位 NPO（非営利組織）（エヌピーオー〈ひえいりそしき〉）

- 利益の追求ではなく 公共 **の利益**のために活動する民間の団体。
- 環境保護や社会福祉などに関する**ボランティア**活動などを行う。

第30位 規制緩和（きせいかんわ）

- 行政の仕事を整理・縮小して，無駄のない効率的な行政をめざす 行政改革 の１つ。
- 行政が企業などに出す許認可権を見直して， 自由 な経済活動をうながす政策。

第31位 地方財政（ちほうざいせい）

▶ **地方公共団体**が１年間に得るお金である **歳入**（さいにゅう） と，１年間に使うお金である **歳出**（さいしゅつ） による経済活動。

▶ 歳入は**自主財源**の **地方** 税，**依存財源**（いぞん）の **地方交付税交付金** や国庫支出金，地方公共団体の借金である **地方債**（さい） など。

関連 → p199 地方交付税交付金，p202 国庫支出金，p204 地方税

第32位 （条例に基づく）住民投票〈じょうれいにもとづく〉（じゅうみんとうひょう）

▶ 地方公共団体に関する重要な問題について，**住民** が**投票**によって **賛否** の意思表示をすること。

▶ 案件ごとに**住民投票** **条例** を制定して，**住民投票**が実施（じっし）される。

第33位 上告（じょうこく）

▶ **第二審**（しん） の判決（はんけつ）が不服な場合，上級の裁判所に訴（うった）えること。

└第二審が高等裁判所の場合は，最高裁判所となる

関連 → p204 控訴，p213 三審制

第34位 秘密選挙（ひみつせんきょ）

▶ **選挙の４原則**の１つで， **無記名** で投票する選挙。

▶ どの候補者や政党に投票したか，他人に知られないようにする。

関連 → p204 普通選挙

差がつく！ 出るランク 

□□ 第35位

与党（よとう）

関連 → p212 連立政権

▶ 政権 を担当している政党。
▶ 内閣が，複数の政党からなる 連立政権（連立内閣）の形もある。

□□ 第36位

弾劾裁判所（だんがいさいばんしょ）

▶ 罷免（ひめん）の訴え（うった）を受けた 裁判官 を辞（や）めさせるかどうかを判断するために， 国会 に設置される裁判所。
▶ 両議院の**国会議員**で組織される。

□□ 第37位

メディアリテラシー

関連 → p182 情報リテラシー

▶ 情報を正しく 活用 する能力である**情報** リテラシー の１つ。
▶ 新聞やテレビなどの マスメディア の報道や， インターネット の情報を，**批判的（ひはんてき）に読み取る力**。

□□ 第38位

最高裁判所（さいこうさいばんしょ）

関連 → p203 国民審査，p209 最高裁判所長官の指名，p212 憲法の番人

▶ 司法 **権**の最高機関であり，唯一（ゆいいつ）の 終審（しゅうしん） 裁判所。
▶ 最高裁判所長官は， 内閣 が**指名**し， 天皇 が**任命**する。
▶ 国民審査（しんさ） で，最高裁判所の裁判官の信任投票が行われる。
▶ 違憲（いけん）立法審査 **権**の最終的な決定権をもつことから「**憲法の** 番人 」と呼ばれる。

第39位

投票率（とうひょうりつ）

▶ 有権者が選挙に行かない **棄権**（きけん） が増え，**投票率の** **低下** が問題となっている。

▶ **期日前** **投票**の制度が整えられている。

第40位

公職選挙法（こうしょくせんきょほう）

▶ **国会議員**，**地方議会の議員**，**首長**（しゅちょう）に関する**選挙方法**などを規定した法律。

▶ **一票の格差** を改善するために改正され，議員定数の変更などが行われた。

第41位

最高裁判所長官の指名（さいこうさいばんしょちょうかんのしめい）

▶ 最高裁判所は，1名の最高裁判所長官と，14名の裁判官で構成。

▶ **最高裁判所長官**は，**内閣**が **指名** し，**天皇**が **任命** する。

第42位

民事裁判（みんじさいばん）

関連 → p213 裁判（司法）

▶ **個人** や企業（きぎょう）間の**利害の対立**や，権利・義務などに関する裁判。

▶ 裁判所に訴えた人を **原告**（げんこく），訴えられた人を **被告**（ひこく） という。

第43位

内閣不信任の決議（ないかくふしんにんのけつぎ）

▶ **内閣が信任できない**とする **衆議院** **の意思を表明する**決議。

▶ 内閣不信任の決議が可決されると，内閣は **10日以内**に衆議院を **解散** するか，

▶ **総辞職** しなければならない。

□□ 第44位

国政調査権

- **衆議院**, **参議院**, それぞれ独自に認められた, 国の 政治 について調査する権限。
- 国会 に証人をよんで質問したり（証人喚問）, 記録の提出を求めたりする。

□□ 第45位

小選挙区比例代表並立制

関連 → p199 比例代表制, p201 小選挙区制

- 衆議院 **議員の選挙**で採用されている選挙制度。
- 小選挙区 **制**（定数289）と 比例代表 **制**（定数176）を組み合わせて議員を選出する。

□□ 第46位

地方公共団体

関連 → p200 地方自治

- 地方自治 を行う**都道府県や市（区）町村**。**地方自治体**ともいう。
- 住民の暮らしを支える**行政サービス**を行う。
- 主な機関として, 地方議会 と 首長 などの**執行機関**がある。

□□ 第47位

選挙権

- 国会議員や, 地方公共団体の首長と議員を, **選挙**で選ぶことができる権利。
- 日本では, **満** 18 **歳以上のすべての国民**に保障されている。

第48位
高等裁判所（こうとうさいばんしょ）

▶ 下級 裁判所で最上位の裁判所。
▶ 東京，札幌，仙台，名古屋，大阪，広島，高松，福岡の全国8か所にある。
▶ 刑事裁判において，**簡易裁判所**，または，地方 裁判所から 控訴 された**第二審**の裁判を行う。

第49位
三権分立（権力分立）

関連 → p192 モンテスキュー

▶ 国の権力を3つの独立した機関が分担すること。
▶ 国会に 立法 権，内閣に**行政権**，裁判所に**司法権**。

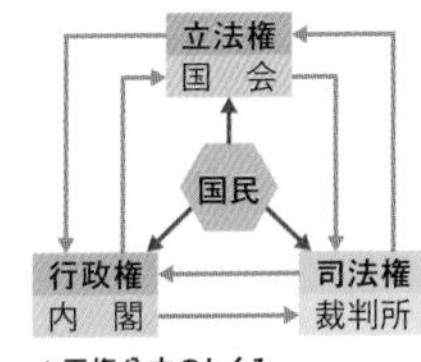

▲三権分立のしくみ

▶ 国家権力の 濫用 （集中）を防ぎ，国民の 人権 を守る。

第50位
国会議員

▶ 衆議院 **議員**と 参議院 **議員**のこと。
▶ 国会の会期中は，原則として 逮捕 されない不逮捕特権をもつ。

第51位
条約の締結

▶ 内閣 が，外国と文書による取り決めを結ぶこと。
▶ 締結後， 国会 **の承認**を得なければならない。

地理 歴史 公民

□□ 第52位

野党

▶政権を担当する 与党 以外の政党。
▶与党による政権運営が適切に行われているか，**監視**・ 批判 する役割をもつ。

□□ 第53位

臨時会（臨時国会）

▶**国会**の種類の１つ。
▶内閣が必要と認めたときや，どちらかの議院の**総議員**の 4分の1 **以上の要求**があった場合などに召集される。

□□ 第54位

連立政権

関連 → p208 与党

▶ 複数 の政党が，政策協定を結んでつくる政権（内閣）。
▶第一党が単独でつくる政権は， 単独 **政権（内閣）**という。

□□ 第55位

憲法の番人

関連 → p203 違憲立法審査権

▶ 最高 **裁判所**をさす呼び名。
▶すべての裁判所は，**法律**や**命令**などが 憲法 に違反していないかどうかを判断する 違憲立法審査 **権**をもっているが，**最高裁判所**が最終的な決定権をもつことから，このように呼ばれる。
（違憲審査権，法令審査権ともいう）

第56位 国務大臣

関連 → p206 内閣, p201 議院内閣制

- 内閣を組織する大臣。
- **内閣総理大臣**が任命するが，その**過半数**は国会議員から選ばれる。
- 多くは各府長の長として，行政の仕事を行う。

第57位 裁判（司法）

関連 → p200 刑事裁判, p209 民事裁判

- 法に基づいて争いごとを解決すること。
- 日本国憲法では，司法権は，**最高裁判所**と**下級裁判所**（高等**裁判所**，**地方裁判所**，簡易裁判所，家庭裁判所）に属すると定めている。

第58位 三審制

関連 → p204 控訴, p207 上告

- 原則として，3**回**まで裁判が受けられるしくみ。
- 裁判を慎重に行い，人権**を保障**し，**裁判の誤りを防ぐ**。

▲三審制のしくみ（刑事裁判の場合）

第59位 司法権の独立

- 裁判が公正・**中立**に行われるために，**ほかの政治権力の圧力や**干渉を受けない原則。（└国会や内閣）
- 裁判官は，自己の**良心**に従って裁判を行い，**憲法**と法律にのみ拘束される。

4 私たちの暮らしと経済

必ずおさえる!　出るランク 

 為替相場（為替レート）（かわせそうば〈かわせレート〉）

- 異なる **通貨** どうしの交換比率。
- 各国の経済の状況によって，**円高**・ドル安や，**円安**・ドル高などの為替相場の変動が起こる。
  └1ドル100円→1ドル130円になるとき 輸入には不利で，輸出には有利になる

円高 円の価値が上がる
（ドルを円に換える動きが活発）
ドル売り・円買い
円売り・ドル買い
（円をドルに換える動きが活発）
円安 円の価値が下がる

▶円高・円安のしくみ

 金融政策（きんゆうせいさく）

- **日本銀行** が行う，**景気**の安定を図る政策。
- 一般の銀行と **国債** を売買し，通貨量を調整する**公開市場操作**など。

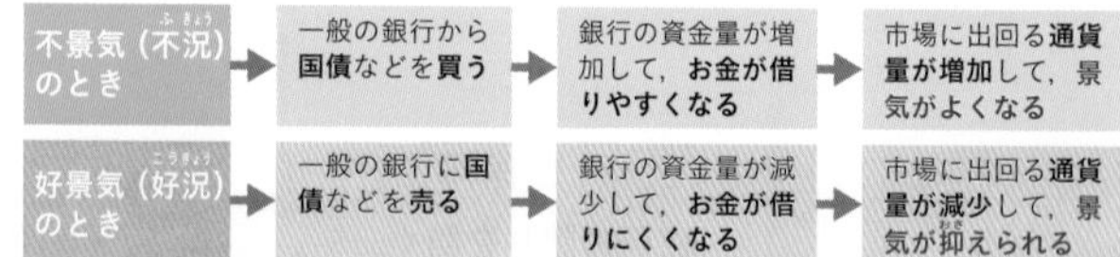

 財政政策（ざいせいせいさく）

- **国（政府）** が行う，景気の安定を図る政策。
- **好景気（好況）**のとき，**公共事業**への支出を**減らし**，**増税** する。
- **不景気（不況）**のとき，**公共事業**への支出を**増やし**，**減税** する。
  └公共投資

第4位 供給量・需要量(きょうきゅうりょう・じゅようりょう)

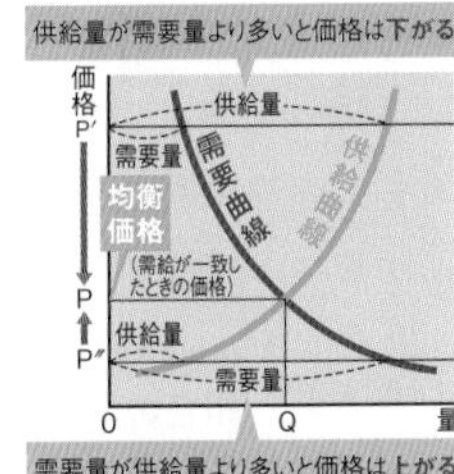

▲需要曲線・供給曲線

- 生産者が**売ろうとする量**が **供給量** 。
- 消費者が**買おうとする量**が **需要量** 。
- 需要量と供給量がつり合ったときの価格を, **均衡価格**(きんこう) という。
- **需要量>供給量**の場合, **希少性**(きしょうせい) が高いことから,価格は **上昇**(じょうしょう) する。
  └求める量に対して,財やサービスが不足した状態

関連 → p216 均衡価格, p216 市場価格, p231 希少性

第5位 ワーク・ライフ・バランス

- **仕事** と**個人の生活**の **調和** 。
- 長時間労働の改善や, フレックスタイム, テレワークなどの多様な働き方ができるしくみが整備されつつある。

第6位 企業の社会的責任(CSR)
(きぎょうのしゃかいてきせきにん〈シーエスアール〉)

- 企業の活動は, **利潤**(りじゅん) を求めるだけではなく, **社会** に対する配慮(はいりょ)や責任なども必要だとする考え方。
- 企業は, 雇用(こよう)の確保のほかに, 教育, 文化, 環境保全などの面で, 社会に貢献(こうけん)することが求められる。

(朝日新聞社/PPS通信社)
▲**企業の出前授業のようす**
ある飲料製造メーカーは, 全国の小・中学校で, 水に関する出前授業を行っている。

第7位 労働基準法（ろうどうきじゅんほう）

- 労働時間，休日など，労働条件の **最低基準** を規定した法律。
- 労働者の権利を守るために労働基本権を定めた **労働三法** の１つ。

労働三法
組合の　基準を示す　調整法
労働組合法　労働基準法　労働関係調整法

▲憲法と労働三権・労働三法

第8位 均衡価格（きんこうかかく）

- 市場で，消費者が商品を買いたい **需要量** と，生産者が商品を売りたい **供給量** が**一致したときの価格。**
- 生産者も消費者も希望通りに売買できる価格。

関連 → p215 供給量・需要量

第9位 市場価格（しじょうかかく）

- 商品が売買される **市場** において，**需要量と供給量の関係**で **変動** **（変化）** する価格。

関連 → p215 供給量・需要量

□□ 第10位 製造物責任法（PL法）
（せいぞうぶつせきにんほう/ピーエルほう）

- 製品の **欠陥** によって消費者が被害を受けたとき，企業の **過失** を証明できなくても，製造者に損害賠償の **責任** を負わせる法律。
- 1995年に施行された。

> 第1条　この法律は，製造物の欠陥により人の生命，身体又は財産に係る被害が生じた場合における製造業者等の損害賠償の責任について定める……

▲製造物責任法（一部）

□□ 第11位 消費税（しょうひぜい）

- 商品を購入した際にかかる税金。
- 税金を納める納税者と，負担する担税者が異なる **間接** 税。
- すべての人に同じ税率がかかるので，**低所得者ほど税負担が重くなる**，

逆進性 の問題がある。

生活費がけずられる…。
同率
よゆう。よゆう。
同率

関連 → p219 間接税

□□ 第12位 公衆衛生（こうしゅうえいせい）

- 日本の **社会保障** **制度**の4つの柱の1つ。
- すべての国民の **健康** を増進するために，国が行う保健衛生対策。
- **上下水道** の整備，**感染症** 対策，廃棄物処理，公害対策など。

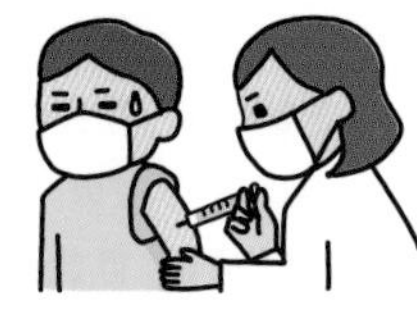

□□ 第13位 公正取引委員会（こうせいとりひきいいんかい）

▶ **独占禁止** 法に基づいて設置された国の行政委員会。

▶ 独占の疑いのある企業の行動を監視，指導することで，**公正** な取り引きの確保を図っている。

関連 → p220 独占禁止法

□□ 第14位 クーリング・オフ制度（クーリング・オフせいど）

▶ 訪問販売や電話勧誘で商品を購入した後，一定期間内であれば，**契約** を無条件で解除することができる制度。

▶ **消費者** の保護を目的とした制度。

クーリング・オフとは，「頭を冷やして考え直す」という意味だよ。

□□ 第15位 大きな政府・小さな政府（おおきなせいふ・ちいさなせいふ）

▶ **大きな政府**…**社会保障を充実**させるかわりに，税などの国民の負担を **重く** する **高福祉** **高負担**の政策をとる。スウェーデンなどの北ヨーロッパの国々。

▶ **小さな政府**…**社会保障をしぼりこむ**かわりに，税などの国民の負担を **軽く** する**低福祉** **低負担** の政策をとる。アメリカなどの国で採用。

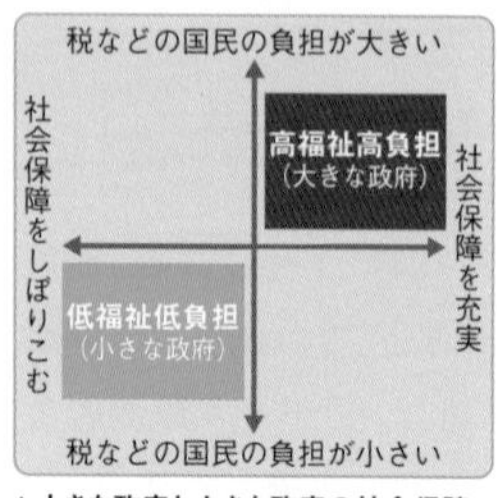

▲大きな政府と小さな政府の社会保障

第16位 介護保険（制度）（かいごほけん〈せいど〉）

▶ 少子高齢化 への対策として，2000 年から導入された 社会保険 制度の１つ。

▶ 介護が必要と認定された人は，**介護** サービス などを受けることができる。

▶ 40 歳以上の人は，加入が義務づけられている。

第17位 社会保険（しゃかいほけん）

▶ 日本の 社会保障 **制度**の中心で，４つの柱の１つ。

▶ 加入者がふだんから保険料を支払い，病気や高齢，失業などの場合に 保険金 の給付や サービス を受ける制度。

▶ 医療（健康）保険，年金保険，労災保険，雇用保険， 介護 **保険**など。

第18位 間接税（かんせつぜい）

▶ 税金を納める納税者と，負担する担税者が 異なる 税。

▶ 消費 税，酒税，たばこ税，揮発油税（ガソリンにかけられる），**関税**など。

▲直接税と間接税の違い

関連 → p217 消費税

よく出る！ 出るランク 

□□ 第19位 累進課税制度（るいしんかぜいせいど）

▶ 所得 **税**や相続税に適用される，課税対象の所得や財産が多くなるほど，税率が 高く なる課税方式。

課税対象になる所得

195	330	695	900	1800	4000(万円)	
税率5%	税率10%	税率20%	税率23%	税率33%	税率40%	税率45%

所得税の場合　（2022年,国税庁資料）

▲累進課税制度

▶ 低所得者の税負担は 軽く ，高所得者の税負担は 重く することで， 所得格差 を調整している（**所得の再分配**）。

関連 → p224 所得税，p231 所得の再分配

□□ 第20位 大企業・中小企業（だいきぎょう・ちゅうしょうきぎょう）

▶ 資本金や働く人の数によって，**大企業**と**中小企業**に分けられる。
└製造業の場合は，従業員 300 人以下

▶ 日本のほとんどの企業は， 中小企業 で，独自の先進技術を生かして急成長する ベンチャー **企業**もある。

関連 → p223 ベンチャー企業

□□ 第21位 独占禁止法（どくせんきんしほう）

▶ 公正で 自由 な企業間の 競争 を確保し，国民経済（けいざい）の健全な発展を図（はか）るための法律。

▶ 公正取引（とりひき）委員会 が運用している。

独占禁止法は，1947 年に制定されたよ。

関連 → p218 公正取引委員会

□□ 第22位 契約(けいやく)

▶当事者双方の 合意 によって成立する，法的な 責任 が生じる約束。
▶契約には，商品の 売買 **契約**，物品の貸し借りの契約， 労働 **契約**，請負契約などがある。

▲売買契約
消費者が「買う」と意思表示をした時点で契約が成立する。

□□ 第23位 直接金融(ちょくせつきんゆう)

▶企業が 株式 や社債（債券）を発行し，市場を通じて， 直接 **資金を調達する**こと。

▲直接金融

関連 → p226 間接金融

□□ 第24位 株式会社(かぶしきかいしゃ)

▶少額に分けた 株式 を発行し，多くの人から 効率 的に集めた資金でつくる 企業 。
▶ 株主総会 が，最高の議決機関。

関連 → p222 配当（金），p227 株主

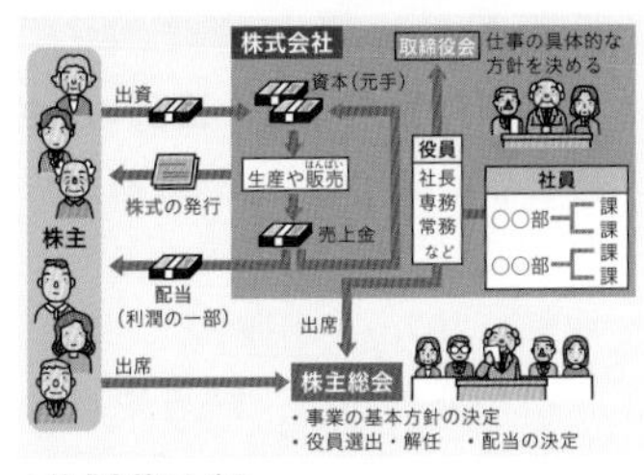

▲株式会社のしくみ

□□ 第25位 インフレーション（インフレ）

▶ 物価が継続的に［上］がり，貨幣価値が［下］がること。

▶ ［好景気］（好況）のときに起こりやすい。

くわしく　年金生活者などの一定の収入しか得られない人々の生活は，苦しくなる。

関連 → p231 デフレーション（デフレ）

□□ 第26位 配当（金）（はいとう〈きん〉）

▶ 株式会社が［利潤］**（利益）**をあげたとき，株式を購入した［株主］が所有する株式数に応じて受け取る，会社の利潤の一部。

▶ 利潤が少ないときは，配当（金）がないこともある。

関連 → p221 株式会社，p227 株主

□□ 第27位 公共料金（こうきょうりょうきん）

▶ 価格が変動すると，**国民の［生活］に大きな影響を与える**ため，国（政府）や［地方公共団体］（└地方自治体）が決定したり，認可したりする料金。

▶ 電気・ガス・［水道］といったライフラインにかかわる料金や，鉄道やバスなどの［運賃］，公立学校の授業料など。

公共料金は，需要と供給の関係では決まらないよ。

□□ 第28位 日本銀行（にっぽんぎんこう）

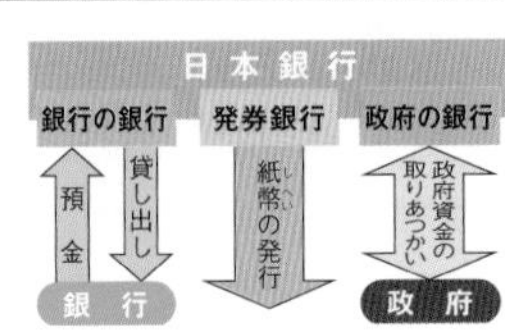

▲日本銀行の役割

▶ 日本の **中央** **銀行**で，政府（国）や一般の銀行と取り引きをする。

▶ **発券** **銀行**，**政府の銀行**，**銀行の銀行**としての役割をもつ。

▶ **公開市場操作**を中心に，景気や物価の安定を図る **金融政策** を行う。

日本銀行の役割
政府が 金 銀 発見
政府の銀行 金融政策 銀行の銀行 発券銀行

関連 → p214 金融政策，p228 銀行の銀行，p228 発券銀行，p230 公開市場操作

□□ 第29位 社会福祉（しゃかいふくし）

▶ 日本の **社会保障** **制度**の４つの柱の１つ。

▶ 児童福祉，障がい者福祉，高齢者福祉など。

□□ 第30位 ベンチャー企業（ベンチャーきぎょう）

▶ 独自の技術やアイデアを生かして活動する **中小企業** 。

▶ 近年，ベンチャー企業に対して資金提供を行う，**ベンチャーキャピタル**が注目されている。
└投資会社や投資ファンド

新しいビジネスモデルをつくり出す企業を，スタートアップ企業というよ。

関連 → p220 大企業・中小企業

地理 歴史 公民

第31位 経済の循環（けいざいのじゅんかん）

- **家計**・**企業**・**政府**の3つの経済の主体の間を，お金を仲立ちに**財**や**サービス**が流れる様子。
- 家計は**労働力**を提供して，企業は**賃金**（給料）を支払う。
- 政府は，家計や企業が納めた税金を使い，**社会資本**や**公共サービス**を提供する。

▲家計・企業・政府の関係

関連 →p226 家計，p230 企業，p231 財・サービス

第32位 所得税（しょとくぜい）

- 代表的な**国税**で，個人の1年間の所得金額にかけられる税。
- 税金を納める納税者と，負担する担税者が同じ**直接税**である。
- 所得金額が多いほど税率が高くなる**累進課税**が導入されている。

関連 →p220 累進課税制度

第33位 株主総会（かぶぬしそうかい）

- 株式を購入した**株主**で組織される会議。事業の方針の決定や，取締役の任命や解任などを行う，**株主会社**の最高の議決機関。
- 株主は株式の保有数に応じた議決権をもつ。

関連 →p221 株式会社，p227 株主

第34位 消費者基本法（しょうひしゃきほんほう）

▶ 1968年に制定された 消費者保護基本法 を2004年に改正した法律。

▶ 安全の確保などの**消費者の** 権利 を明確にして， 自立 **した消費者**として行動できるように支援（しえん）することを定めている。

「自立した」消費者とは，自分で情報を集めて，判断し，行動する消費者だよ。

第35位 リサイクル

▶ ごみを 資源 として活用すること。

▶ **リデュース**，**リユース**とともに， 循環型（じゅんかんがた） 社会を目指す 3R の1つ。リサイクル商品などのように，人や社会，環境（かんきょう）などに配慮（はいりょ）したものやサービスを選んで消費することを， エシカル **消費**という。

関連 → p226 リデュース

第36位 社会保障関係費（しゃかいほしょうかんけいひ）

▶ 国の 歳出（さいしゅつ） のうち，**社会保障制度**の維持にかかる費用。

▶ **社会保険費**，生活保護費など。

▶ 少子高齢化（こうれい） が進んだことで，歳出に占（し）める社会保障関係費の割合は高くなっている。

(2023/24年版「日本国勢図会」)

▲国の歳出の内訳

関連 → p219 社会保険

差がつく！ 出るランク 

□□ 第37位

家計

関連 → p224 経済の循環

▶ 消費 を中心とした，家族や個人の収入と支出の経済活動。

▶ **企業**・**政府**とともに，**経済の循環**（経済の流れ）の3つの主体の1つ。

□□ 第38位

社会資本（インフラ）

▶ 公共事業として整備される 公共的 な施設。

▶ 道路・港湾などの産業関連のものと，上下水道など生活関連のものがある。

▲港湾 （ピクスタ）

□□ 第39位

リデュース

関連 → p225 リサイクル，p236 食品ロス

▶ 循環型 社会を目指す 3R の1つ。

▶ 製品をつくるときに使う資源の量を少なくすること， ごみ （廃棄物）の発生を減らすこと。

□□ 第40位

間接金融

関連 → p221 直接金融

▶ 銀行 などの**金融機関**が，お金を借りる側と貸す側の間に入って，お金を融通すること。

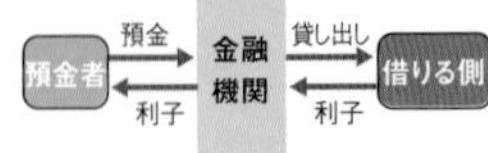

▲間接金融

□□ 第41位

価格

▶ 商品の **価値** を金額で表したもの。**値段**ともいう。

▶ 価格は，生産費や卸売，小売の費用や経費に，**利益（利潤）** を加えて決まる。

商品に価格がつくのは，希少性があるからだよ。

□□ 第42位

国債

▶ **国** が発行する **公債**。税金だけで **歳入** をまかなうことができないとき，不足分を補うために発行する。

▶ 国債を発行して得る借入金を **公債金** といい，国の**歳入**の大きな割合を占める。

□□ 第43位

キャッシュレス決済

関連 → p228 クレジットカード

▶ **現金** を使用せずに代金を支払うこと。

▶ **クレジットカード**，**電子** **マネー**，スマートフォン決済などがある。

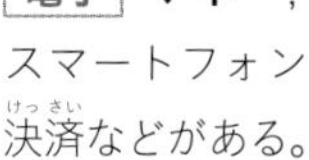

▶ 日本のキャッシュレス決済の利用は，年々増加傾向にある。

□□ 第44位

株主

関連 → p221 株式会社

▶ 株式を購入して，会社に **出資** した人。

▶ **株主総会** に出席して議決に参加したり，利潤の一部を **配当（金）** として受け取ったりする。

地理 歴史 公民

第45位 銀行の銀行

関連 → p223 日本銀行

- 日本の 中央 **銀行**である 日本 **銀行**の役割の１つ。
- 日本銀行が，一般 **の銀行**に資金を貸し出したり，資金を預かったりすること。

第46位 クレジットカード

関連 → p227 キャッシュレス決済

- キャッシュレス **決済**の１つで，商品の代金を 後払い するカード。

カード提示
加盟店
商品
預金
代金
銀行
代金
カード会社

▲クレジットカードのしくみ

- **収入と支出のバランス**を考え，計画的に利用する必要がある。
- **成年年齢**が引き下げられ，18 歳から保護者の同意なしでつくれるようになった。

第47位 消費者契約法

- 消費者を 契約 上のトラブルから守るために制定された法律。

第48位 発券銀行

- 日本の 中央 **銀行**である 日本 **銀行**の役割の１つ。
- 日本銀行券 （紙幣）を発行している。
- 現在，１万円札，5千円札，2千円札，千円札が発行されている。

第49位 労働組合法

関連 → p216 労働基準法

▶ 労働者の権利を保障する **労働三法** の1つ。
▶ **労働組合** の組織・権限などを定めている。

労働者が労働組合をつくり，加入する権利を団結権というよ。

第50位 株式

関連 → p221 株式会社

▶ **株主** が会社に対してもつ権利の持ち分のこと。
▶ 現在は，紙の証書ではなく，電子化されて管理されている。
▶ **証券取引所** などで，自由に売買される。

▲東京証券取引所（ピクスタ）

第51位 国内総生産（GDP）

▶ 国の中で，一定期間に **生産** された，**財やサービス**の付加価値の合計。
▶ 国の経済の **豊かさ** がわかる指標。

注意　国民総生産（GNP），国民総所得（GNI）と間違えないようにする。

第52位 環境アセスメント（環境影響評価）

関連 → p192 環境権

▶ 大規模な開発を行うとき，開発業者が，**環境** に与える影響を事前に調査・予測・評価すること。
▶ **公害** などの環境破壊を**未然に防ぐ**ことがねらい。

第53位

POSシステム

- 販売時点情報管理システムのこと。
- レジで商品のバーコードを読み取った時点で，商品の販売の情報が記録される。
- 効率的に，売り上げや在庫管理を行うことができる。

第54位

公開市場操作

関連 → p214 金融政策

- 日本銀行が行う金融政策の１つ。
- 国債を売買することで，通貨量を調整する。**オペレーション**ともいう。

第55位

流通の合理化

- 流通において，小売業者が生産者から**直接仕入れる**などの方法で，費用（コスト）や労力を削減すること。

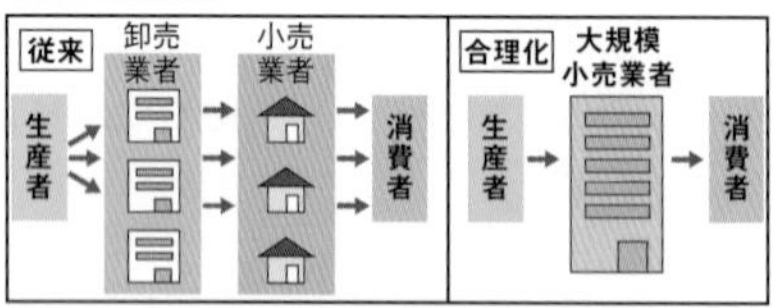

第56位

企業

関連 → p224 経済の循環

- 財・サービスの生産を担う組織。
- **家計**・**政府**とともに，**経済の循環**（経済の流れ）の３つの主体の１つ。
- 利潤（利益）を目的とする私**企業**と，公共の目的のために活動する公**企業**がある。

□□ 第57位

財・サービス

▶ **財**…生活に必要な**形の**［ある］**もの**。食料品や衣料品など。

▶ **サービス**…生活に必要な**形の**［ない］**もの**。教育, 医療, 運輸, 美容院でのカットなど。

□□ 第58位

希少性

▶ 求める量に対して, 財やサービスが不足した状態を, 希少性が［高い］という。

ダイヤモンド：欲しがる人が多いのに量が少ない → 希少性高

海の水：量は多いけれど欲しがる人は少ない → 希少性低

□□ 第59位

公的扶助

▶ 日本の［社会保障］**制度**の4つの柱の1つ。

▶ ［生活保護］**法**に基づいて, 生活が苦しい人々に生活費や教育費などを支給。

□□ 第60位

デフレーション（デフレ）

▶ 物価が継続的に［下］がり, 貨幣価値が［上］がること。

▶ ［不景気］（不況）のときに起こりやすい。

▶ デフレ状態と消費低迷が相互に作用して, 不景気が深刻化することを**デフレスパイラル**という。

□□ 第61位

所得の再分配

関連 → p220 累進課税制度

▶ 経済活動における政府の役割の1つ。

▶ ［累進課税］**制度**をとることで, 経済格差の是正を図る。

地理 歴史 公民

5 地球社会と私たち

必ずおさえる!　出るランク 

政府開発援助（ODA）
（せいふかいはつえんじょ〈オーディーエー〉）

- 先進国の **政府** が，**発展途上国** に対して行う，資金援助や技術協力。
- 食料援助，教育の普及，社会資本の整備など。
- 日本は，**海外協力隊**などの人材を派遣している。
  └JICA 海外協力隊
- 日本の ODA の金額は，世界の中でも上位だが，**国民総所得（GNI）**に占める割合は **低い** 傾向にある。

億ドル
0 50 100 150 200 250 300 350 400
アメリカ
ドイツ
イギリス
日本
フランス
スウェーデン
金額（億ドル）
国民総所得（GNI）に占める割合（%）
0 0.2 0.4 0.6 0.8 1.0 1.2 1.4 1.6%
（2020年）（「開発協力白書」2021年版ほか）

▲主な国の政府開発援助（ODA）

パリ協定（パリきょうてい）

- **京都議定書** にかわる **地球温暖化** 対策のための国際的な取り決め。2015 年に採択された。
- **すべての先進国と** **発展途上国** に削減目標の策定や報告，提出が義務づけられた。
- 21 世紀後半までに，**温室効果ガス** の排出量と，森林などによる吸収量の差し引きをゼロにすることを目指している。
  └カーボンニュートラルという

関連 → p236 京都議定書

第3位 拒否権（きょひけん）

▶ 安全保障 **理事会**の5か国の 常任理事国 がもつ，**1か国でも反対する**と，重要な問題を決定できない権限。

関連 → p234 安全保障理事会，p234 常任理事国

第4位 平和維持活動（PKO）
（へいわいじかつどう〈ピーケーオー〉）

▶ 国際連合（国連） が，紛争地域に平和維持軍（PKF）や停戦監視団を派遣して，平和や安全を守る活動。

▶ 日本も国際平和協力法（ PKO協力 法）に基づいて， 自衛隊 が平和維持活動に参加している。

▲ PKOに参加する自衛隊

（朝日新聞社／PPS通信社）

第5位 持続可能な開発目標（SDGs）
（じぞくかのうなかいはつもくひょう〈エスディージーズ〉）

▶ 2015年， 国際連合（国連） で採択された， 2030 **年**までに世界全体で達成を目指す 17 の目標。

▶ 「**誰一人取り残さない**」という原則を掲げている。

第6位 常任理事国（じょうにんりじこく）

- **国際連合（国連）**の主要機関である 安全保障 **理事会**で，中心的な役割をもつ，アメリカ合衆国，**イギリス**，**フランス**，**ロシア連邦**，中国 の5か国。
- 任期はなく，拒否権 をもつ。

関連 → p233 拒否権

常任理事国

アメリカ　イギリス　フランス　ロシア連邦　中国

第7位 再生可能エネルギー（さいせいかのうエネルギー）

- 繰り返し使え，資源が枯渇しないエネルギー。地球温暖化 の原因となる 二酸化炭素 を排出しない。
- **太陽光**，風力，**地熱**，バイオマスなど。
- 脱炭素社会の実現のためにも，普及が求められている。

▲風力発電所（ピクスタ）

第8位 安全保障理事会（あんぜんほしょうりじかい）

- 世界の 平和と安全 の維持に主要な責任をもつ，**国際連合（国連）**の主要機関。
- 常任理事国 **5か国**と，任期2年の**非常任理事国10か国**からなる。

> くわしく　安全保障理事会の重要事項の議決には，常任理事国5か国を含む9か国の賛成が必要。

関連 → p235 国際連合，p233 拒否権

▶▶ よく出る！ ◀◀ 出るランク 

□□ 第9位 **難民**（なんみん）

▶ 紛争 や迫害などにより，住んでいた国や土地を離れざるをえなくなった人々。
└近年は，気候変動で起こる自然災害や貧困によって難民となる人も増加

▶ **国連難民高等弁務官事務所**（UNHCR）が支援活動。

関連 → p237 国連難民高等弁務官事務所（UNHCR）

□□ 第10位 **フェアトレード**（フェアトレード）

▶ 発展途上国 の人々が生産した農作物や製品を，その**労働に見合う公正な価格**で購入するしくみ。
└生産者の自立した生活を支えることにつながる

▶ 公正 **貿易**ともいう。

▲国際フェアトレード認証のバナナ (Cynet Photo)

□□ 第11位 **国際連合**（こくさいれんごう）

▶ 国際社会の 平和 と 安全 の維持を最大の目的に設立された国際機関。
└190を超える国が加盟

▶ 国際連合憲章 に基づいて1945年に設立。

▶ 本部は**ニューヨーク**。

▶ 総会 や**安全保障理事会**などの主要機関と，その他の多くの機関からなる。

▲国際連合の主な機関

関連 → p234 安全保障理事会，p238 総会

地理
歴史
公民

□□ 第12位 京都議定書（きょうとぎていしょ）

▶ 1997年の気候変動枠組条約第3回締約国会議で採択された，温室効果ガスの削減目標を定めた合意文書。
└発展途上国に削減義務がなかった

関連 → p232 パリ協定

□□ 第13位 食品ロス（しょくひんロス）

▶ 店での売れ残り，家庭の食べ残しなど，まだ**食べられるのに，捨てられてしまう** 食品 のこと。

関連 → p226 リデュース

□□ 第14位 南南問題（なんなんもんだい）

▶ 発展途上国 の中で，急速に経済が成長する**新興国**が現れ，開発が後れている国との 経済格差 が広がっている問題。

▶ 新興国は，NIES（**新興工業経済地域**）や，BRICS など。
└韓国，台湾，ホンコン(香港)，シンガポール
└ブラジル，ロシア連邦，インド，中国，南アフリカ共和国

□□ 第15位 人間の安全保障（にんげんのあんぜんほしょう）

▶ グローバル **化**が進む中で広まった，人間 一人ひとり を重視して，その生命や人権を守ろうとする考え。

差がつく！ 出るランク 

□□ 第16位

非政府組織（NGO）

▶国境を越えて世界規模の諸問題を解決するために活動している，非営利の **民間** の組織。

□□ 第17位

アジア太平洋経済協力会議（APEC）

関連 → p56 アジア太平洋経済協力（APEC）

▶ **アジア** 諸国と **太平洋** に面する国々が，貿易の自由化などの経済協力を進めるために毎年開催している会議。

▶1989年に**オーストラリア**が主導して発足。

□□ 第18位

東南アジア諸国連合（ASEAN）

▶1967年に発足した，**東南アジア** **の10か国**でつくる地域協力組織。
└2022年時点

▶域内の経済成長や，社会・文化的発展を目指す。

□□ 第19位

化石燃料

▶**石炭**・**石油**・**天然ガス**など。燃焼すると，**二酸化炭素**を排出する。

□□ 第20位

国連難民高等弁務官事務所（UNHCR）

▶ **難民** の保護・支援を行う**国際連合（国連）**の機関。難民に対して食料や水，生活用品などを援助する。

関連 → p235 難民

地理 歴史 公民

第21位 **世界保健機関（WHO）**	▶ **国際連合（国連）** の **専門機関** の１つ。 ▶ 世界の人々の健康維持・増進をはかる。 ▶ 感染症対策などの保健政策を行う。
第22位 **国連児童基金（UNICEF）**	▶ 困難な状況にある **発展途上国** の **子ども** たちを助ける目的でつくられた **国際連合（国連）** の機関。
第23位 **国連教育科学文化機関（UNESCO）**	▶ **ユネスコ憲章** を採択して設立された **国際連合（国連）** の専門機関。 ▶ 教育・科学・文化面での **国際協力** を促進し，各国間の交流と理解を図る。 ▶ **世界遺産** の登録などを行っている。
第24位 **総会** 関連 → p235 国際連合	▶ **国際連合（国連）** の **全加盟国** で構成される中心機関。 ▶ 年に１回９月に通常総会が開かれる。 ▶ **主権平等の原則** から，加盟国は平等に１国１票の議決権をもち，決議は多数決で行われる。
第25位 **国際司法裁判所**	▶ **国際法** に従って，国家間の争いを解決する **国際連合（国連）** の機関。 ▶ 当事国双方の **合意** があると開かれる。

PLUS 1 よく出る憲法の条文をチェック！

日本国憲法のよく出る条文をまとめてある。条文中の語句を問う問題が多いので，確実に答えられるようにしておこう。

第25条 生存権の保障

①すべて国民は，**健康で** **文化的** **な** **最低限度** **の生活**を営む権利を有する。

ポイント解説

社会権の基礎である，**生存権**を規定。この権利を保障するため，国は**社会保障制度**を整えている。

第12条 基本的人権の濫用禁止

この憲法が国民に保障する自由及び権利は，
…国民は，これを**濫用してはならない**のであつて，
常に **公共の福祉** のためにこれを利用する責任を負ふ。

ポイント解説

公共の福祉とは，**大多数の人々の利益**という意味。複数の人々の人権の衝突を避けるための原理。

第9条 戦争の放棄

①日本国民は，…国権の発動たる **戦争** と，武力による威嚇又は武力の行使は，…永久にこれを **放棄** する。
②…陸海空軍その他の **戦力** は，これを保持しない。国の **交戦権** は，これを認めない。

ポイント解説

戦争の放棄，**戦力の不保持**，**交戦権の否認**を三本柱とする，**平和主義**を定めている。

第41条 国会の地位

国会は，**国権の** **最高** **機関**であつて，国の**唯一の** **立法** **機関**である。

第1条 天皇の地位

天皇は，**日本国の** **象徴** **であり日本国民統合**の **象徴** であつて，
この地位は，**主権の存する日本国民**の総意に基く。

参考　このほか，「**個人の尊厳と両性の平等**」を定めた**第24条**，「**内閣不信任決議**」を定めた**第69条**，「**司法権（裁判官）の独立**」を定めた**第76条**などもよく出る。

編集協力	たくみ堂
	佐野秀好
図版	ゼム・スタジオ
	木村図芸社
	株式会社 明昌堂
写真	写真そばに掲載
DTP	株式会社 明昌堂
	データ管理コード：24-2031-1029(2022)

デザイン	修水（Osami）
キャラクターイラスト	吉川和弥（合同会社 自営制作）
イラスト	さとうさなえ
	田淵正敏
	サトウノリコ*

本書に関するアンケートにご協力ください。

右のコードかURLからアクセスし，以下のアンケート番号を入力してご回答ください。ご協力いただいた方の中から抽選で「図書カードネットギフト」を贈呈いたします。

※アンケートは予告なく終了する場合があります。あらかじめご了承ください。

https://ieben.gakken.jp/qr/rank

アンケート番号　305715

高校入試 ランク順
中学社会科用語750　改訂版

③